JN110662

国字が教えてくれる
大切にしたい和のこころと風景

美しい日本の一文字

笹原宏之

自由国民社

はじめに

二千年ほど前、日本列島を成す島々では、人々がやまとことばを話しながら暮らしていました。そのことばには地域ごとに違いもあったことでしょう。その中心にある近畿や九州北部などの地に、中国大陸や朝鮮半島から、漢字という文字が伝来します。

初めは、そこから渡来した人たちに漢字を教わりながら、漢文を読んでいましたが、次第に先人たちは日本語を漢字で書く試みも始めます。五、六世紀頃には、すでにそうした努力がなされていたことが明らかになっています。

飛鳥時代になると、すでに習得した漢字に応用を加えて日本語を書き表そうとしはじめます。不思議な力を感じる植物であるツバキは、大切なものなのにしっくりくる漢字がないようだから、自分で作ってみよう。

ツバキは木の名前だから「松」「梅」のように「木」（木偏）にして、旁の部分には意味を考えて春に咲く花だから「春」と書こう。このようにして、中国では「椿」はチンと読む別の木の名前でしたが、それを知ってか知らずか、そこに意味を追加したわけです。このような日本独自の字義を国訓と呼びます。

海で獲れるイワシという魚を、文書や荷物に荷札として付けた木簡に書きとどめたい。万葉仮名で「伊和之」と書いてみたけれど、三文字もあって長いし、漢字の「鯉」「鮒」のような魚の名っぽさが字面から感じられない。そこで、弱い魚だから「鰯」と作ってみよう、としたのです。こうした日本製の漢字を国字と呼びます。

国字や国訓は、江戸時代に学者で幕臣の新井白石が作った用語でした。国字だけでも集めてみると、数千種類はあるのですが、日本語をすべて書き表すためのものではありません。漢字だけで書いた文章から、平安時代には漢字仮名交じりの文章ができて、出来合いの漢字を補うために、国字や国訓はさまざまな書き手によって作られ、歴代のたくさんの人たちによって選ばれ、使われることで広まってきました。

録音技術のない時代において、ことばは話すそばから消えていきましたが、文字は書いた当時の紙や石碑などとともに時空を超えて残るものです。それらの読み方は古語になったとしても、国字や国訓にどこかしっくりくるところがあるとすれば、それは日本のことばを話す祖先たちの、自然が豊かな地で暮らす中で培ってきた感性や直観、そして知性が込められているからではないでしょうか。

国字に用いられたパーツの選び方とそれらの組み立て方には、こちらに読み取ろうという気持ちさえあれば、意外な発想や繊細な情緒まで見出せるはずです。中国や韓国に渡っていった国字まであります。こうした国字のたぐいの中から、特にさまざまな情報が詰まっている字を選び、その歴史や特質をわかりやすく記していきます。これから一緒に一字ずつ眺めていきましょう。

もくじ

二章　人々の暮らし

三章　受け継がれるこころと知恵

一章

山川に息づく
いのち

広大な中国大陸では、山は険しく木が少なく、川は幅が広くて海までは遠い。そういう中に生きる人々の間で中国語が話されて漢字も作られました。美しく映える緑の山が国土の大半を占める日本列島は、それとは対照的な地形を持っています。

そのため、自然の佇まいや現象だけでなく、風景やそこに生えた植物、そして生き物に対する見方や概念の切り取り方にも大きな違いが生じました。たとえば山の「とうげ」や海の「なぎ」に当たる単語は中国語にはなかったために、漢字を借りることができません。そこで自身のことばを他の単語と並べてしっかりと書き記そうとして、漢字の字源に関する知識を応用し、国字を作ったのです。

国字と言えば「魚」（魚偏）です。大陸では、古代に文明が内陸部で発達したため、「魚」（魚偏）の漢字は川や池沼（ちしょう）で獲れる魚の名や伝説に出てくる魚の名くらいしか準備されませんでした。それに対して島国の日本では、海で獲れるさまざまな魚にも名前を与えており、国字をあてがっていったのです。

日本では、草や木、そして話すことばにまで不思議な命が宿るというアニミズムや言霊信仰が上代（じょうだい）にありました。漢字が浸透するにつれて、次第にそうしたことばの音の響きよりも意味や字の形、さらにそれらの持つニュアンスのほうに価値を置くようになっていきます。

この章では、そうした国字とともにある日本らしい表現の仕方を見つけてみてください。

凪（なぎ）

海は、時化のときには怖ろしいほどの荒波を立てます。しかし時間が経つと、風がすっかり止んで、静かで穏やかな海面を湛えることもあります。それを「なぐ」といい、名詞にすると「なぎ」となります。「朝凪」「夕凪」と熟語にもなります。

中世において、連歌の作品の中に「凪」という国字が現れます。「風が止む」ということを一字にまとめて表現したもので、穏やかな水面の様子が伝わってきませんか。江戸時代には俳諧師たちがこれを受け継いで、作品の中で好んで使い、次第に使い手が増えていきました。

単語と漢字の意味から「なぐ」は「和ぐ」とも書きます。これに、海ということで水を表す「氵」（さんずい）を付けた国字「洆」を用いた地名も、山口県などの海辺にあり、方言漢字（地域的使用文字）としてしっかりと地元で息づいています。

櫷 つき

ツキはケヤキ（欅）の古い呼び名で、大木になるためか奈良時代の末までは神聖な木と崇められ、その下で祭事も催されました。

同じく神聖な木とされたツバキは、漢字の「椿」を当てたことが飛鳥時代の木簡からわかっています。「榊」は平安時代に現れます（二八ページ）。

ツキには同じように弓の材料となる漢字の「槻（キ）」を当てますが、奈良時代には「櫷」と、「木（木偏）」に「観」の旧字体の字を当てることもありました。この字は、字体が少し崩れた形で、正倉院文書などに用いられています。平安時代の字書『新撰字鏡』が引く『小学篇』にも収められていた古層の国字です。「槻」を崩して書くと「夫」の部分が草書を介して変形し、そこからできた字とも考えられます。我が国最古の仏教説話集『日本霊異記』などは、双櫷の宮を設けて国を治めた用命天皇の子が聖徳太子であると記しています。

江戸期にこの『新撰字鏡』が発見されると、国学者たちは放ってはおきませんでした。この字を見つけた木村正辞は、みずから号を「櫷斎」と名付け、

この国字を世に復活させました。この古い国字は、正倉院に伝来する「赤漆文欟木厨子」（「欟」には「槻」という略字も）として、今でも美術の教科書などで見ることができます。

なお、聖徳太子が建てたとされる斑鳩寺（法隆寺）は飛鳥時代から「鵤大寺」とも書かれています。この「鵤」も七世紀からある最古の国字といえます。この字も漢字の「鵖」や「鵃」を土台に、角のようなクチバシを持つという特徴を捉えて作り替えた字と考えられ、聖徳太子ゆかりの古い国字が二つあることに気付かされます。

また、「小学篇」に収められた国字を号に用いた人は、木村正辞の師匠の狩谷棭斎（「棭」は音読みが「ヤ」「エキ」、訓読みが「ねむのき」）、岸本由豆流（椛園）らがおり、ちょっとしたブームになっていました。この「椛」は、昭和の終わり頃、また新たに伊豆あたりでペンションの名にも使われているのを見掛け、記録さえしておけば、また心惹かれた人が命を吹き込むことができるのが国字だと感じたものです。

中国では、稲も麦も野菜も耕地は「田（デン）」と表現されました。もし詳しく区別をしたいときには『水田』や『陸田』『白田』『火田』と熟語にするしかなかったのです。

日本では稲を作る所は和語で「た」、その他は「はたけ」と呼んで作物が栽培されていました。その両方を「田」と書いてしまうと、区別が失われてしまいます。そこで、「田」は「た」とし、「はたけ」は熟語を利用して「畠」と書くようになったのです。それが奈良時代のことでした。その頃、朝廷には渡来人がたくさん書記などの役人として働いていました。朝鮮ではすでに『水田』を縦に組み合わせて、民族のことばを書き表していたので、それを応用することを教えてくれたのでしょう。中国の『白田（ハクデン）』は朝鮮でも借用されます。土が白く乾いて見える田が「はたけ」だったのです。

平安時代には、焼き畑農業が広まりはじめます。『やきはた』というくらいで、そうして草を焼くことでできた耕地を「はた」と呼びました。熟語の『火田』を縦よりも横によく組み合わせてそれを表すようになります。鎌倉時代には、「畠」と「畑」はしっかりと区別されて

いましたが、次第に読み方や用法の差があやふやとなって、同じように使う人が増えていきます。名字では「北畠（きたばたけ）」さんと「畑山（はたやま）」さんのように、その読みに区別を残すものがあります。

各種の耕地をひっくるめた言い方も出てきます。「田畑」は「たはた」「たはた」、名字では「たばた」、「田畠」は「たはた」、そして音読みで「デンバク」と読む人が現れます。「白」という部分からハクという音読みが類推されたためです。「畑」にも「デン」と読ませるような現象が見つけられます。そのような変化が生じて、定着するほど必要とされる単語だったのでしょう。ちなみに中国の人に「畠」を読んでもらうとなぜかよく「デン」と「田」のほうを読もうとします。

畑

はたけ
はた

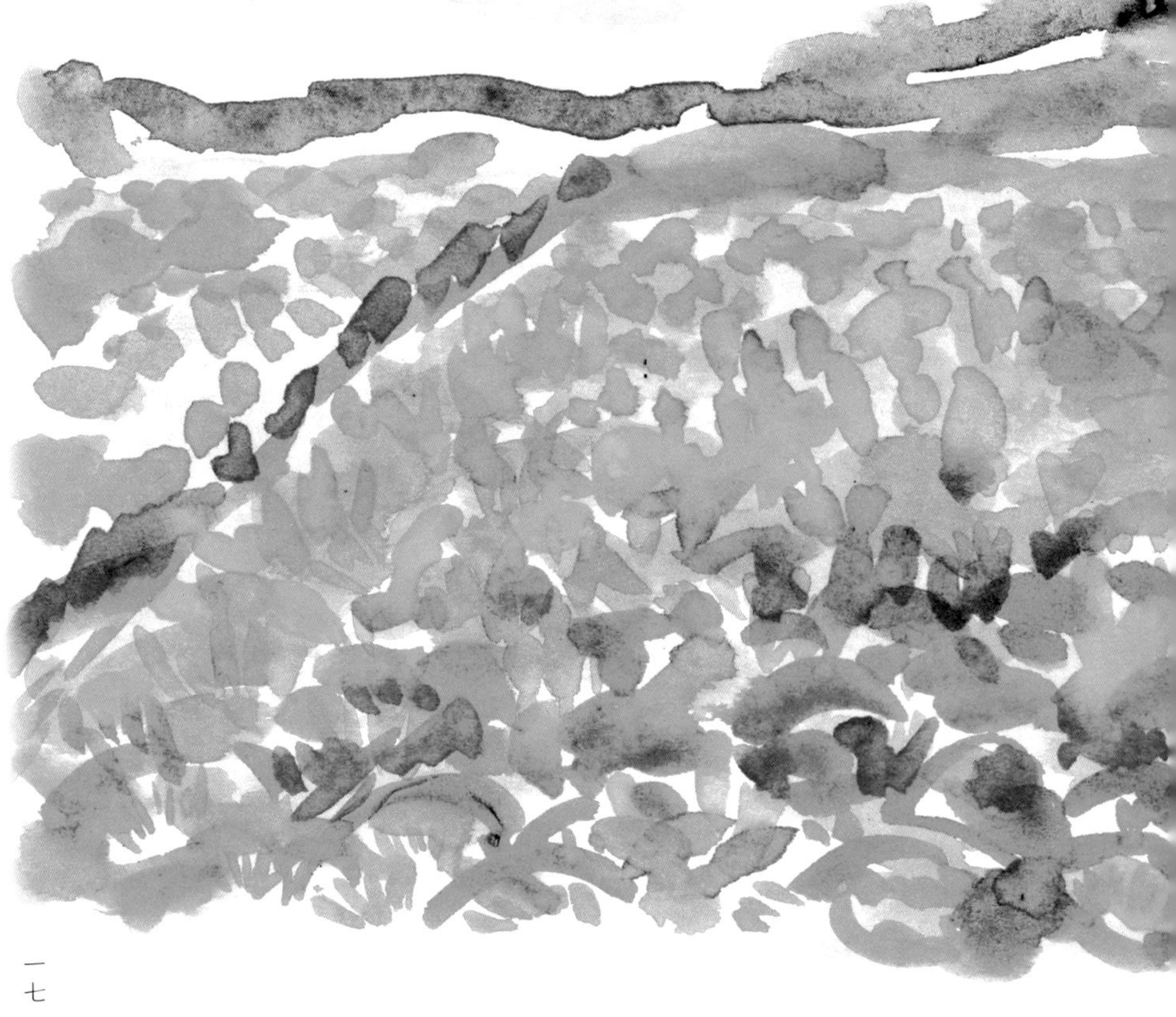

鳥のツルは漢字で「鶴」（音はカク）と書きます。これを草書で書いたものを取り違えて楷書で「鸖」、「靏」[*1]や「靎」[*2]と書く人が現れました。「靏」[*1]を見た人は、下部がおかしい、「冖」もちゃんと書かなくては、と補ってしまって「靍」[*3]としました。「屋上屋を架す」ですね。こうして、もとの「宀」のような部分が「雨」となり、その下に立派な「鶴」ができあがりました。

靏[*1] 靎[*2] 靍[*3]

それと同じようなことは「旗」にも起き、右上の「𠂉」がだんだんと竹冠に変形し、また「𠂉」が補われてしまい「籏」となりました。旗の竹竿が意識されたのでしょう。草書など崩し字が多用された時代には字体の変化も自在だったのです。

書籍や文書には、江戸期から明治初期まで文字は御家流の草書体で書かれることが多く、「靏」[*1]という三十画に達しようかという字を楷書で書くことは実は少なかったのです。江戸時代には、崩し字は読み書きできても楷書は書けないという町人や農民が大勢いました。筆画を増やす人がいれば、減らす人たちもいて、「鶴」は同じカクと読む霍乱（日射病）の「霍」、そして「霍」の右に「鳥」と書く字、さらに鳥を省いて「隺」や「雀」とも書かれました。

これらは「靍[*3]田さん」「靎[*2]岡さん」など、すべて日本人の名字に使われています。中国でも、崩し字から「靍」[*3]と書く人が現れており、これらは国字とみなされることもありますが、むしろ崩し字を介した異体字といえます。元禄頃の井原西鶴も「西靏」[*1]と書いていました。

地名では全国で早々と「鶴」に統一されましたが、名字では戸籍にある字体にこだわりを持つ人が増えたようで、かなり残っています。特に九州の名字に「靍」[*3]の使用が多いことが知られています。なお、「靏」[*1]は戸籍では誤字とラベルを貼られてしまい、使い続けられなくなったそうで、実際に婚姻によって戸籍を新設する際に、「鶴」か「靍」[*3]に変えることが求められたそうです。

もともと「宀」のような部分の変化形に過ぎなかった「雨」でしたが、楷書や明朝体でカッチリとした「靍」[*3]を見せられれば雨の中に佇む鶴という新たなイメージが湧いてきて、捨てがたく感じるのも現代というものです。「靍」[*3]「靏」[*1]「靎」[*2]は長らく外字（パソコン等に登録されていない文字）でしたが、２０００年に電話帳などからやっとＪＩＳ漢字に追加され、晴れて電子機器で入力しても文字化けがまず起きなくなりました。そうして漢和辞典も載せてくれるようになり、国字と認定されるケースが増えたのです。

鶴
つる

椛

もみじ

「もみじ」は古くから「紅葉」や「黄葉」など熟字訓で書き表しましたが、植物の名は、やはり一文字で書きたいという気持ちが生まれていきます。そこで、中世には「椛」と書く人が現れました。木の葉が色づくためです。さらに江戸時代になると、葉が色とりどりであることから「花」にたとえて「椛」を当てるようになります。二〇〇四年に法務省で人名用漢字を増やすことになり、私は親御さんたちから寄せられた要望を集計する担当となりました。書類を数えていくと、この字を「もみじ」ちゃんとして赤ちゃんの名に付けたいという方がたくさんいて、赤ちゃんの手のひらを思い出しました。この字で「かえで」ちゃん、色づいた葉っぱということでしょうか、「いろは」ちゃんもすでにたくさんいます。

この字は、「白樺」の「かば」を指す漢字としても古くから使われてきました。「樺」の旁の「華」を「花」に置き換えたわけです。「韡」は中国でクツを表し、唐代には旁を「花」と書く人も現れましたが、この字のように旁に「花」を書くことは中国では廃れていきます。日本では、「椛」は名字で「椛沢」さん、「椛島」さんのように今でもよく使われています。

神木の「なぎ」など別の樹木にも、同じ「椛」を書く人もいました。これらの字は、使う人ごとに社会が違っていたり、振り仮名が添えられたりしたために、読み間違えて困るというようなことは起こらなかったようです。

嵲

やまのはな

日本は平野が少なく、あってもたいていほど近くに山があります。その山にはたいてい木が生え、平地に水を恵んできました。富士山のように裾野がほぼ均等に伸びる山は珍しく、ほとんどの山は凸凹としています。人間に喩えると鼻のように突き出した部分もあり、そこを「やまのはな」と呼ぶことがありました。

それに対して「山」（山偏）＋「鼻」という字が作られました。思いついた通りに組み合わせたのでしょう。中世の国語辞典に載りはじめました。この「はな」は先端という意味だったのかもしれませんが、その語自体が鼻と語源は一緒だったとも考えられます。

ある山がちな地では、「はな」を含む小さな地名を表記する際にこの字が集中して使われています。そしてそこに住む人たちも、名字にこの字を採り入れて戸籍にも登録されました。その名字が電話帳にあったことからＪＩＳ漢字に少し遅れて採用され、パソコンでも打てるようになって、今なお使われつづけています。

⿱星⿰星星

さやかなり

「さやか」や「さやけし」は、はっきりしている、あざやか、きよらか、さわやかといった意味。

鎌倉時代に増補された漢和辞典である『類聚名義抄（るいじゅみょうぎしょう）』に、「⿱月朋」で「さやけし」と読ませる字が見られます。

月は星の一つです。「星」の「日」は太陽ではなく、またたく星の象形文字でした。「ほし」が一つあれば輝いて見えますが、たくさんあるとどうでしょうか。

室町時代に編まれた国語辞典の『世俗字類抄（せぞくじるいしょう）』には、「星」を3つも書いて「さやかなり」（「さかかなり」は誤写）と読ませる字を収めました。

「さわやか」には、漢字の「爽」が古くから当てられています。この字は、入れ墨をした人を表すと解釈されたこともあります。バツの多さが気になるという人もいます。

「さわやか」には古くから、はっきりしている、あざやかだ、きれいだという意味もありました。この星が三つも合わせられた字は、辞書の中に残るものですが、どんな文脈で使われたのか、今は見つかっていない文章も見てみたくなりませんか。

辻

つじ

道路が交わる所を交差点といいます。そこは「つじ」ともいい、十字に広がる道の数を数えて「四つつじ」と呼ぶこともあります。頭頂の毛渦も意味する「つむじ」が変化したことばといわれています。

中国では古く六朝時代から、縦横の道を「十字街」と呼びました。交差する様子を「十」という字で形容したのです。日本でも、「十字路」というようになります。

こうした表現が積み重なった結果として、平安時代には「辻」という国字が現れます。「十」字の「道（辶）」ということでしょう。

近畿地方では今でも交差点を「辻」と呼び、この字で書くことがあります。名字でも「辻」さんが多く、地名にもこの字がたくさん使われてきました。そして道が交差していなくても、道端や小みちのことを「辻」と呼び、この字で書き表すこともあります。

地名には、山の頂上という意味で「辻」を使った所もあります。中世以降の古文書には、数の合計という意味で「辻」が使われることまで生じました。「辻」は皆に使われすぎて、元の意味が少しわかりにくくなっています。

「辻」の作り方から、三差路は「込」や「込」、五差路は「达」、六差路は「逑」、七差路は「述」、八差路は「迷」などと応用できそうです。しかし、生活の中で必要性が薄ければそうそう定着しない、ということがよくわかります。

さかき

よく神社には、常に緑の葉をたたえた榊が植えられています。神事にも用いられるその植物は、尖った枝先に神が降りてきて宿ると信じられ、尊ばれてきました。神棚にも供えることがあります。

榊は日本に多く生えている一方で、中国にはあまり見られなかったために、「神」の「木」というところから「榊」という国字が作られたのです。学名も、種（しゅ）を「japonica」と呼ぶくらいです。平安時代にはすでにこの字が文献に現れており、奈良時代にはあったのかもしれません。当時、「木」（木偏）に「祀（まつる）」という字も作られており、江戸時代にそれを見つけた国学者が千年ぶりに復活させて使っていました。

この字の旁はもともと「神」でしたが、書きやすく「神」に変わったので、今でも両方の書き方が認められています。名字で「榊原」さんは岐阜や愛知にたくさん見られます。

蛯

えび

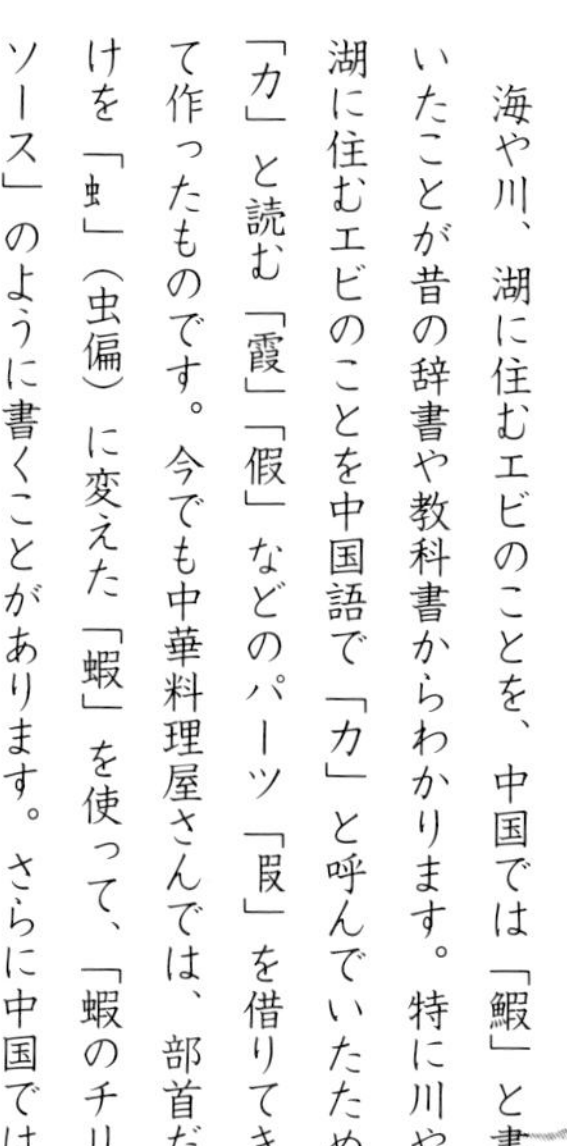

海や川、湖に住むエビのことを、中国では「鰕」と書いたことが昔の辞書や教科書からわかります。特に川や湖に住むエビのことを中国語で「カ」と呼んでいたため、「カ」と読む「霞」「假」などのパーツ「叚」を借りてきて作ったものです。今でも中華料理屋さんでは、部首だけを「虫」（虫偏）に変えた「蝦」を使って、「蝦のチリソース」のように書くことがあります。さらに中国では、清代から「虾」という簡単に略した字を使っており、新中国成立後は、それを正式な字として使っています。中国ではこのようにいつでも発音を利用してエビを指す漢字を作っていました。

日本では、エビは海にいる背が曲がって髭のあるおじいさん、つまり海のおきなと見なして、奈良時代以前から「海老」を当てていました。正月に食べるときも、長生きできるようにと願ってのことですよね。ただ、これでは二文字だからと、「蝦」と合わせていいとこどりを始めました。

室町時代には、おじいさんを意味する「耆」を旁に使って「蝔」という国字を作りました。江戸時代に入ると、これをもっとわかりやすくしたのでしょう、「蛯」と書くようになり、これが東日本一帯と九州の日向地方で、生物や食材の名、そして地名や名字として定着を見ます。とりわけ北海道では、今なおエビの天ぷらを指す「海老天」が「蛯天」と書かれるほど広まったのです。日向、後の宮崎県で育った蛯原友里さんが近年になってモデルとして有名になったお蔭もあり、この字は晴れて全国で知られる国字となったのです。

峠

とうげ

昔は、山の向こうは異世界だと信じられていました。危険が伴うので、山道の頂上を越える所には、手向けをする神が祀られます。この「タムケ」が変化して『トウゲ』となったといわれています。

これは中国にはない概念なので、日本で国字が作られました。室町時代に「峠」という、上り下りする人と山道の風景がありありと目に浮かぶような字が作られたのです。軍記物や文書などで、「垰」とともに使われ始めます。この「上下」というパーツは中国で生まれた字（もてあそぶ意の「弄」の異体字）でしたが、日本で国字を作るときに好まれてきました。

一方で、山の鞍部（尾根の窪んだ場所）のことを古くから「タヲ」「タワ」といいました。これも小さめの峠を指す方言として、中国地方を中心に「タオ」「タワ」「トウ」などとして残っています。地名や名字には、「垰」という山よりも小ぶりであることを「土」（土偏）で表した国字や、「嵶」という「嫋やか」から類推して生み出されたような国字、さらには「岾」という旁が峠道をかたどったような

字（中国では「蓋（ガイ）」という音（おん）を持つ字としてあったので、国字ではなく国訓）などが江戸時代頃から現れ、今でも地名や名字などに使われています。

「峠」は全国的な字になりましたが、こうした「垰」「嵶」「乢」といった字は方言漢字つまり地域色の強い字と呼ぶこともできます。その土地ごとのことばや風景を表現してきたのです。

糘

すくも

稲から穫れるお米は、脱穀する前は「もみ」と呼ばれます。もみは奈良時代頃から「籾」と書かれてきました。中国では「粈」という、まぜめしを意味する字をこう書くことはありました。韓国でも「丑」と書いて「もみ」を表すことがあったかといわれていますが、日本では、もみが尖っているから「米」に「刄」つまり「刃（やいば）」と書いたともいわれています。

もみがらのことを中国地方あたりでは方言で「すくも」と呼びます。山口では「粭」という国字が作られ、地名となりました。「⿰禾會」という漢字が崩れたものではともいわれています。

広島のある集落ではこんな話が伝えられています。村の庄屋さんがすくもは米の家じゃけん「糘」、と字を作ったのだそうです。この国字も、地元ではしっかりと地名として息づいています。

籾の中に米が実っていないものを「しいな」と呼びます。山形県には「しいな」に「⿰米無」という国字を使った地名が全国で一か所だけあります。お米にまつわるこれらの方言漢字（地域文字）は、お米とともにあった祖先の暮らしを思い起こさせてくれます。

颪

おろし

山から吹き下ろす風を「おろし」といいます。おそらく「嵐」をもとにしたのでしょう、「下風」と二字で書いてそう読ませたのですが、それらが縦書きの崩し字の中で合体していき「颪」という国字が中世に誕生しました。群馬の「赤城颪」、兵庫の「六甲颪」など、各地で今も使われています。「むべ山風を嵐といふらむ」と詠まれたように、山などから吹く強い風を「あらし」と呼びます。語源は「荒」＋「シ」（風

の意）と考えられます。中国では「嵐」は、山の気というはっきりしない靄（もや）のような現象を表す字でした。仏教が伝来し、インドのサンスクリットということばが入ってきたときに、アラシを表すヴァイランバカという語を訳す必要に迫られました。その際に、「毘嵐」といった字を発音で選んで、あてがった人がいたのです。後に「嵐」だけでアラシを表すようにもなり、それが日本に入ってきて、広まったのです。この字があったからこそ、それを土台として「凬」もそのまま一字になっていったのでしょう。

「嵐」はわかりやすい会意（意味を表す複数の文字を合わせて文字を作る方法）による構成から日本産のようにも見えますが、これは実は国字でも国訓でもなく、日本に残った中国の古い字の意味といえます。中国に消えかかり、日本に残ったということで、そのまま佚存（いつぞん）字義（佚存は、中国で失われたものが日本に残ること）とも呼べそうですが、近年、嵐というグループが中国でも人気を得たために、この字がアラシであることが再び広く知られました。

信州では山の土が崩れてできた崖を「ゾレ」と呼び、それが小さな地名となり、「[氵嵐]」という字を作って当てています。「嵐」が長野の方言漢字（地域文字）を派生させたのです。

笹

ささ

イネ科の植物であるササは、奈良時代には「チャチャ」または「ツァツァ」のように発音していたようで、ササの葉が風で触れ合う音からできたことばだと思われます。

奈良時代には「小竹」と二字で書いたり、漢字の「篠」と書いたりしてササと読ませていました。しかし、一つの言葉は一つの文字で書きたいという気持ちがあったのでしょう。でも「篠」ではササなのかシノなのか、なんと読ませたいのか区別ができません。

そこで戦国時代の頃には、「⺮少」という国字が軍記物や地名などでしばしば使われるようになりました。「少」が「篠」の音読みを表すとともに、「さ」や「ささ」、つまり小さい、少ないというイメージを表したのでしょう。

同じ頃「笹」という国字も説話集『神道集』（赤木文庫本）などによって次第

に表舞台に登場しはじめます。竹には「よ」（節と節の間の中空の部分、あるいは節）があることに加え、竹の「葉」（字の中に「世」を含む）なので、そこから「世」を組み合わせて作ったものと思われます。

その前には、「[竹冠に七]」のように書く辞書も現れていました。古代中国でも「笹」が見られるのですが、意味がはっきりしておらず、ただの偶然の一致かもしれません。このように謎めいた字なのですが、江戸時代の前期には、「丹波篠山」のように古くからの表記が定着した所を除いて、「笹」という国字が日本中に一気に広まりました。

私の名字も、江戸時代に屋号として現れたものでした。百人一首の有馬山の「ゐなのささはら」も、七夕のササの葉も、「笹」と書かれるようになりました。

日本は地形が起伏に富み、国土の四分の三ほどが山でできています。奥羽山脈から中国山地まで山道を通っていけば、青森から山口まで本州を移動できると、かつて民俗学者の柳田国男は語りました。山があれば谷も川も海もあり、そうした大小の斜面には石や土が崩落して切り立った場所ができやすく、それをガケと呼びます。

埼玉の八潮という地域では、それが地名となって「垳」という字が作られ、今でもそこに住む人たちなどによって毎日使われ続けています。漢字の「垳」（キ：ガケの意）が変化したものと考えられますが、水が「はけ」る、土が流れて行くからとの伝承も残されており、実際に「ハケ」も県内の小さな地名（「岾」など）に残されています。これはその土地にしか見られない、大地に根を張った方言漢字（地域文字）といえます。

しかしこの地名が行政によって、どこにでもあるような今風のものに変えられそうになりました。そうした中、ずいぶん前に私がある講演会で「垳」の字の歴史についてお話しした記録を、たまたま読んでくださった市民の方が中心となって、保全のための活動が地域の皆さんの間で始まり、それ以来、毎年皆で『方言漢字サミット』という催しを作り上げています。

圻
がけ

ガケという単語は、鎌倉時代頃にやっと文献に現れた新しめの語で、室町時代になって漢字の「崖」が当てられます。「崖」が常用漢字になったのは二〇一〇年と最近のことでした。

ガケは各地でさまざまな方言で呼ばれています。たとえば中国地方ではホキと言い、江戸時代に山の横に川が流れている所として「岾」という字が作られて、今でも地名や名字に息づいています。『言葉（訛り）は国の手形』というのはだいぶ薄れてきたようですが、『漢字は国の手形』ということは人知れずですが根強く残っているのです。

汀

つらら

とても寒い日に軒下に垂れて凍っている「つらら」は、見るからに冷たそうで、寒さを一層感じさせます。

話しことばの世界で育てられたような響きを持つ「つらら」には、「汀」という国字があり、室町時代の辞書にさも当然のように載せられていました。誰かがどこかで、「つららには漢字がないな。それでは」と考えたのでしょうか。

つららは氷です。「氷」はもと「冰」と書きました。この形がヒントとなって、これを下敷きのようにして、水が固まって下に垂れているので「氵」（さんずい）に旁は「下」で「汀」だ、として文章に使ったのでしょう。あるいは辞書を編みながら、「つらら」にはそういえば漢字がないな、すでに「氷柱」という字があったとしても二文字だし柱っぽくはないな、では、と作って収めておいた、なんていう可能性もなくはなさそうです。

古くは氷のことをつららと呼んだので、「氷」という字が崩れてこうなっただけのことかもしれません。

幼い時を思い出させることばと素朴でぴったりな漢字の組み合わせは、忘れ去るには惜しい字のように感じませんか？

樫

かし

ブナ科・コナラ属の常緑樹であるカシは、建材として用いられるほど堅い木です。中国では、カシやそれに似たところのある木を「櫧」や「橿」などと書かれました。これらが日本に入ってきてカシとして使われるようになり、奈良の橿原神宮のように定着しました。

ところが、奈良時代の人たちの中には、これらの漢字がしっくりこなかった人もいたようです。「カシ」を表すために、いくつもの漢字が作られました。「橿」の右側にある「畺」は、「キョウ」という音読みを持ち、堅いことをイメージさせます。この部分を、誰かが思い切って「堅」に変えてしまったのです。

日本では、カシを音読みで「キョウ」と呼ぶことはなかったようなので、見た目から音読みがわかる形声文字（意味を表す字と音を表す字が組み合わされた字）よりも、意味がわかる会意文字（二字以上の字をそれぞれの意味だけを考えて組み合わせて作られた字）にしたほうがしっくりきたのです。

『万葉集』に収められた歌「麻衣　着ればなつかし　紀の国の　妹背の山に　麻蒔く吾妹」では、「なつかし」を「夏樫」と書いています。こういったことから『樫』という字は、奈良時代のうちに一般的な字として一部の万葉人の中に溶け込んでいたようです。

堅い木だから「樫」という発想は、堅い魚だから「鰹」と応用されていきます。読み方の「かつお」も、「かた」「うお」から変化したものと考えられます。

いまや世界に誇る文化となった、和食の命とも言える「だし」。そのだしに欠かせない鰹節は、世界で一番硬い食材としてギネス世界記録に認定されています。世界中で親しまれている和食の顔には、こんな歴史があったのです。

［辶＋日×9］

はしだて

日本三景の一つ、京都の宮津にある天橋立を、一字で表す国字があります。「辶（しんにょう）」に『日』を九つ、「［辶＋日×9］」で「はしだて」と読みます。百人一首に収められた小式部内侍（こしきぶのないし）の歌、「大江山　生野の道の　遠ければ　まだふみもみず　天橋立」と詠まれたのもこの場所です。

「日」が九つも集まって、神々しさを表すかのようです。「日」は六つ書くこともありました。天橋立はイザナギ、イザナミが天界と地上を行き来するための橋が倒れたものとされ、神が渡ったということで『辶』がつけられたのでしょうか。「辶」は、道や進むことを表します。そう考えると、松原の続く細い砂州の形にも見えてきませんか。

「［辶＋日×9］」は室町時代の文献に現れる国字なのですが、同じ頃に「［厂＋有×4］*」という字も、同じ意味で登場します。こちらは『あまのはしだて』と読みます。「厂（がんだれ）」は『辶』の崩し字を引っ繰り返した形かもしれません。なぜなら、古くからこの地では『股覗き』といって、天橋立を逆さまに眺めることが行われていたからです。

六つの「有」は九つの『日』と形は違っても、画数は同じ三十六画です。江戸時代には、この字は天照大神が作ったという記録まで残されています。

インターネット上には、「日」の一つが『巾』になった字が紹介されています。これは昔の字書（字典）の写真版がモノクロだったために、『日』に掛かった赤い線が黒で印刷され、字画と間違って捉えられた結果です。この謎に満ちた国字は、実際には存在しない『幽霊文字』まで生み出してしまったのです。

『日』は昼の光が反射している海面を表しているのかもしれません。不思議な形をしたこの松原を訪れたら、この字の神秘に思いを巡らせてみましょう。

*［厂＋有×4］

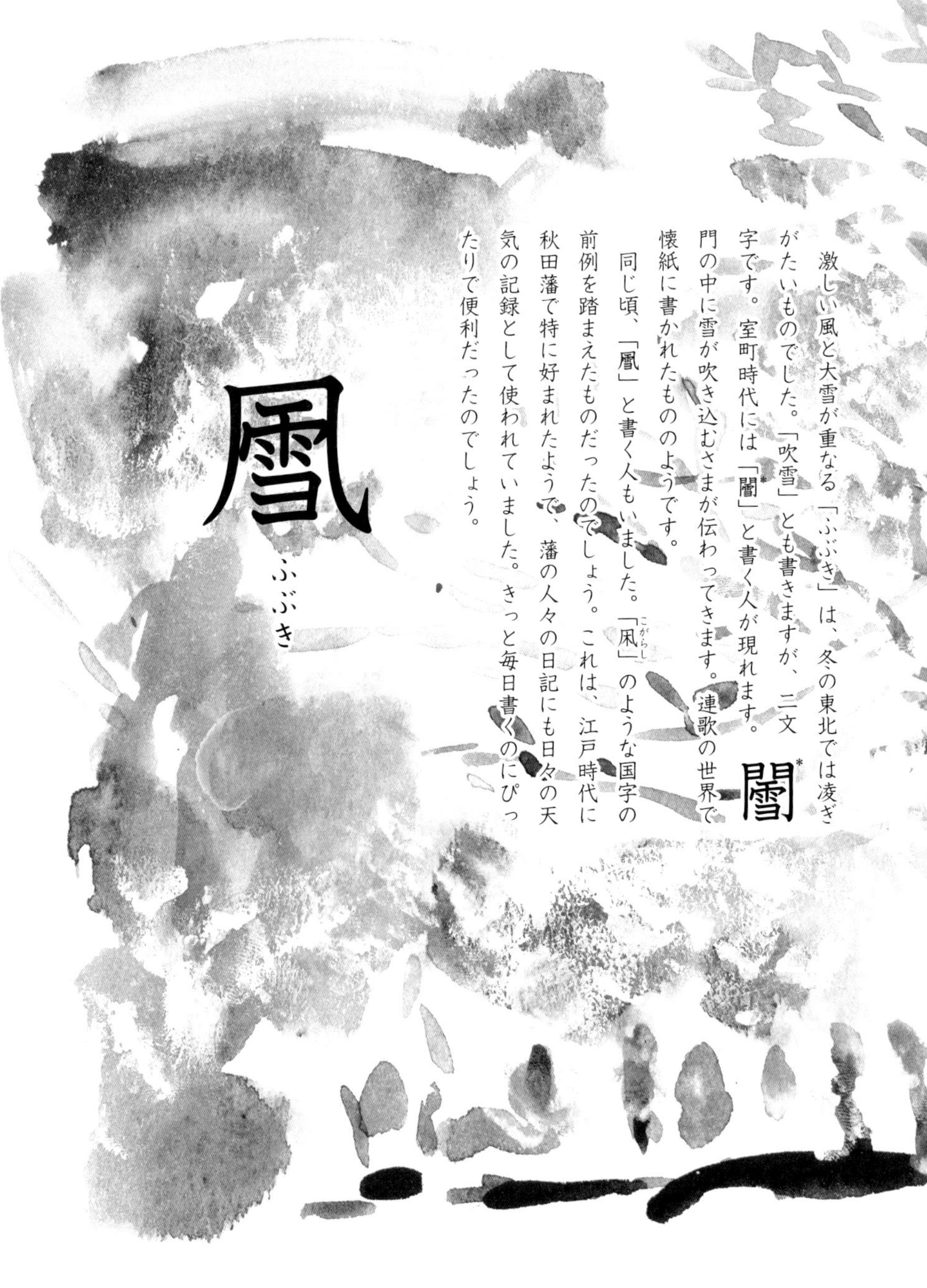

凬（ふぶき）

激しい風と大雪が重なる「ふぶき」は、冬の東北では凌ぎがたいものでした。「吹雪」とも書きますが、二文字です。室町時代には「闓*」と書く人が現れます。門の中に雪が吹き込むさまが伝わってきます。連歌の世界で懐紙に書かれたもののようです。

闓*

同じ頃、「凬」と書く人もいました。「凩（こがらし）」のような国字の前例を踏まえたものだったのでしょう。これは、江戸時代に秋田藩で特に好まれたようで、藩の人々の日記にも日々の天気の記録として使われていました。きっと毎日書くのにぴったりで便利だったのでしょう。

鰯
いわし

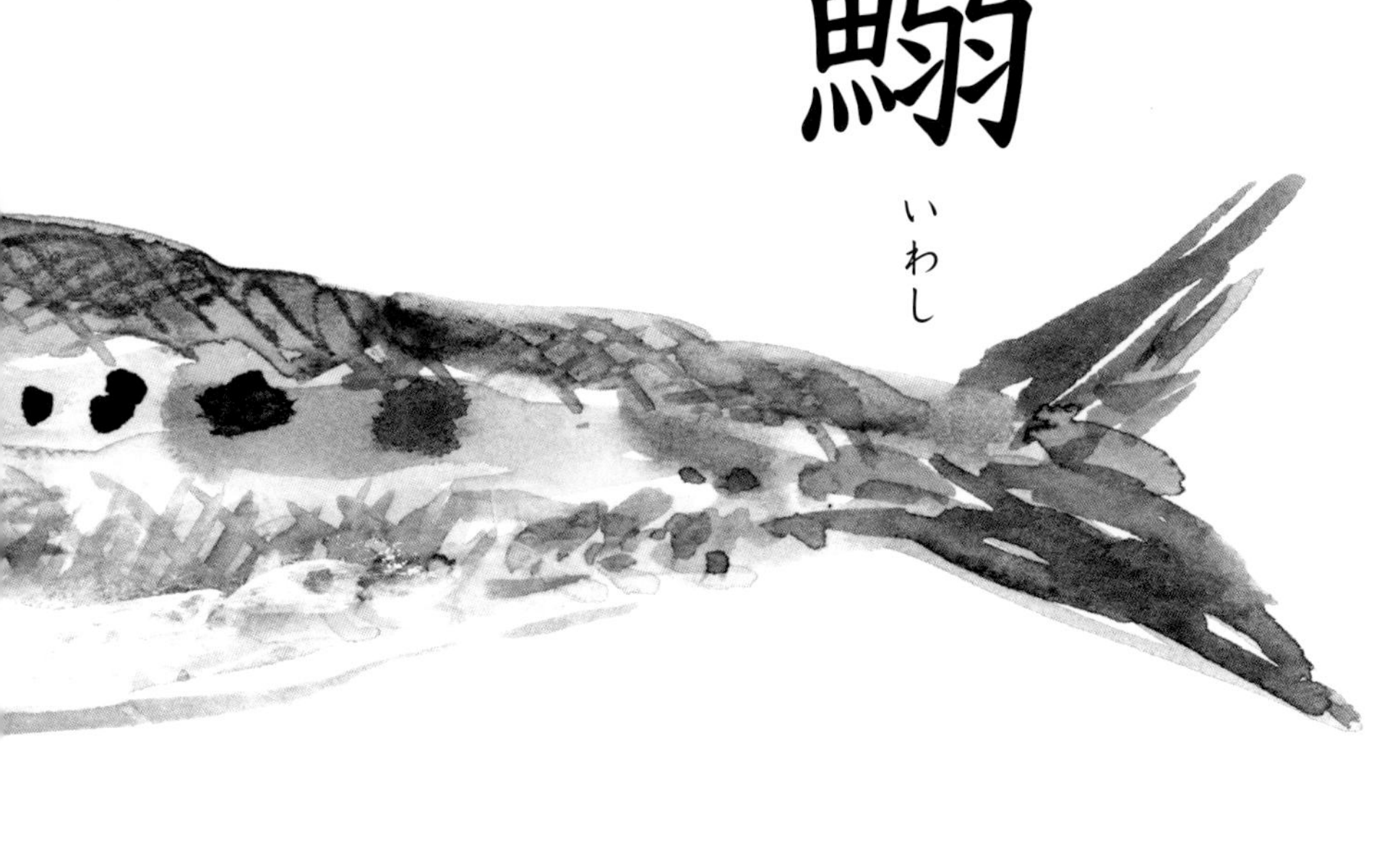

海で獲れるイワシは、奈良時代の昔、漁村から租税として奈良の都へと送られていました。それが荷札の木簡に記されており、古くは万葉仮名で「伊和之」などと書いていたのです。それが奈良時代のうちに、木簡や正倉院の文書で、都の官人や地方の役人も「鰯」（「魚」（魚偏）に弱（弱い））と一字で書くようになります。これは奈良時代から見られる古層の国字の一つです。

古代の中国文明は、黄河の中流域など内陸部で栄えたので、海で獲れる魚はほとんど届かず、都の人たちは川や湖沼（こしょう）で獲れる魚、つまり鱸（すずき）や鮒、鯉などしか知らなかったのです。「漁」という漢字も、殷（いん）代には「川」の中に何匹かの「魚」が描かれた様子を表す字でした。

イワシという語は、海中で弱いので群れを成して泳ぐからとも、陸揚げされてから傷みやすいからともいい、とにかく「弱し」からきたといわれます。つまり「よわし」が「いわし」となったとみる語源説が有力で、旁が意味と読み方を示していることになります。

平安時代に編まれた『新撰字鏡』という辞書は「小学篇」という、より古い漢字辞典を引用していて、そこには「鯱」という字をイワシとして載せていました。なぜ

旁が「鹿」なのかわかりにくいのですが、筆写された字形は「庶」のようにも見えます。

「𩵋」（魚偏）と言えば国字。寿司屋の湯呑みでは百字くらい「𩵋」（魚偏）の漢字や国字が並んでいて、壮観です。そういう物でこの国字を目にする人もいます。千葉から通う学生が、県内でよく獲れるイワシの旁が「弱」では嫌だ、せめて「強」にしてほしいと言っていました。実際にそのように字を変えることでイメージアップを図る商法も試みられたことがあります。

「鰛」という中国南方の魚を、江戸時代にはイワシとして使うことが増え、明治初期に『小学読本』に「鰯」はその古字などと説明した文が載りました。また詩人の金子みすゞも「大漁」という詩で「大羽鰮（おおばいわし）の大漁だ」と使いましたが、「鰯」に取って代わるほどにはなりませんでした。

海中で集まる様子から、イワシには「鰞」という国字も『類聚名義抄』などの辞書に載りました。しかし一般に広まることはなく、忘れられたために、近世には山形で「いさば」という地元の魚問屋を指す字として利用されていました。

梻

しきみ

仏様にささげる木に、『しきみ』があります。香りが良い木で、『樒』『櫁』という字を当てることもありますが、どことなく仏教の香りがします。香木や線香、さらには数珠にもなります。『今昔物語集』には、よりストレートに「木」（木偏）に「佛」（「仏」のもとの字体）で「梻」という字が使われています。

神様にささげる木として、同じく常緑の「さかき」にはすでに『榊』という字が定着していたために、そこから応用して新たに作り出した人がいたのでしょう。お坊さんだったのかもしれません。「朳」と略すことができますが、あまり見掛けないのはありがたいものだからということのほかに、めったにこの字を書かないために、書く必要に迫られると辞書を引いて書き写すためなのでしょう。

なお、タモに「梻」を当てることも増えてきました。

鳰（にお）

琵琶湖には、「にお」と呼ばれる鳥が自生しています。そこから「におのうみ」という別名も生まれました。訛って「みお」ともいうそうで、また、「かいつぶり」ともいいます。

湖水に入って魚を捕る習性を持つため、平安時代までに「鳰」という字が作られました。「入」という字は意味のほか、「ニフ」（現在では「ニュウ」）という古い音読みが「にほ」という鳥の名ともよく合っていると感じられたためでしょう。

よく漢字の作り方として、指事文字、象形文字、会意文字、形声文字など六書という概念が持ちだされますが、実際に字を作る際にそこまで考えた人ばかりではなく、またそれが完璧な分類でもありませんでした。さらに、同時に二つ、三つの方法を掛け合わせた人もいたことでしょう。字を作った当人が解説を残したケースはきわめて稀なので、造字の意図というものはたいていが字のパーツや構造、背景などを総合して推測するものなのです。

江戸時代以降は「鳰」「鳰」とも書かれています。後者は一層水に入っているように見えませんか？　この字は親しまれたようで、田の脇で稲を積み上げたニオ（「ニョウ」などとも呼ばれる）にも用いられることがありました。

睞

あさぼらけ

夜が明ける頃、空がほのかに明るくなってきます。その時を「あさぼらけ」といいました。何か眠そうな雰囲気をこの単語の発音に感じてしまう人が多いことでしょう。

「暁」では有り明けの月がまだ残っていそうですが、その一方で、日つまり太陽がやって来（古い字体では「來」）る、そんな光景が、室町時代の辞書に収められたこの字から目に浮かびます。

今ではカタカナを何文字でも連ねて新しい外来語を使うことが普通になりましたが、一つの単語は一つの字で書きたいという気持ちが、昔はけっこうあったようです。

二章

人々の暮らし

古代の中国では、文明が北の方で栄えたため、麦を栽培して主食とする文化が発展しました。日本では、縄文時代の末に南方から稲作が伝えられ、山から流れてくる豊かな水に恵まれて、お米が各地の田んぼで穫れるようになります。日本独自の食文化は、食材や料理や食器の名を書くために国字を生みだしました。

農作業のほかにも、人々は漁業、林業などから工業、商業など、働く場を増やしていきます。漢字は伝来した当初は、渡来人、貴族、官人とお坊さんが独占していましたが、次第に、武士や医師、連歌師、俳諧師などさまざまな人たちが使うようになっていきます。そうした中で、身近な道具を書き表すためにも国字が作りだされ、仲間に共有され、文献や辞書にも載って広まっていきます。

そのようにして暮らしのあるところには漢字もあるようになっていき、ついには遊び道具にさえも新たに作られるほど、国字は親しまれたのです。国字は人とともにあるようになり、文芸作品はもちろんのこと、庄屋さんが記した文書、庶民が家庭で書いた日記のたぐいまで、あらゆる文字資料に国字が広く息づいているのです。

噺

はなし

「はなし」は中世の終わり頃に登場する単語で、心の中のことがらを外に「放す」ところからできたと考えられています。漢字の「話」（音読みは「ワ」「カイ」）を当てることは割と新しいことです。この旁はもとは「氏」の下に「口」と書くもので、「舌」ではなかったのですが、変形して「舌」になりました。古くは同じ字で「舌」を３つ書く字体もありました。日本では他に、口から出る「はなし」ということか、咄嗟の「咄」（叱る、舌打ちの音などの意）なども当てられました。

江戸期になると口がはなつ新しいはなしということで、「噺」という国字が作り出されます。元禄期に人気を得て浮世草子などでたくさん使われてから、いったん使う人が減ってしまうのですが、辞典にも掲載され、また人気を持ち直して江戸後期にはとてもよく見られるようになりました。「噺本」という笑いの文芸のジャンルも確立し、また庶民の文書などでも使われています。「噺す」のように動詞にも使え、交際する、付き合うといった意味まで派生しました。

形と読み方が似たものに「囃（はや：口に雑（雜））す」があります。これは舞踊を盛り立てる掛け声を表す漢字で、日本では音楽の「お囃子」や「囃し立てる」「持て囃す」など意味を広げて使っており、中世頃からこの国訓が生じています。この字を下敷きとして、「噺」が生みだされたという可能性が感じられます。

今では「お伽噺（とぎ）」のほか、特に落語についてこの字がよく使われています。「噺家」と書けば、内容自体は古くても、いつ聞いても面白く味わいのあることを聞かせてくれる、そういう新鮮みを感じさせてくれるような気がします。「落とし話」と「落とし噺」、聴きたくなるのはどちらでしょう。

凧
たこ

正月などに空に高く揚げるタコのことを日本では、平安時代から紙の鳶で「紙鳶」と書きます。平安の昔には熟字訓ではなく漢語つまり「シエン」のように音読みの語で呼ばれたようなのですが、江戸時代に入ると、バランスを取るようにと脚を付けた形から、海に棲む烏賊のようなかたちの「いかのぼり」「幟」「いか」などと呼ばれるようになります。

「いか（のぼり）」には江戸時代のうちに「鳳巾」の二字を当てるようになりました。中国では明代には「風箏」と表現しているので、一字目の「風構え」の部分が共通しています。日本では「鳳」の中を省いて「凧巾」とも表記するようになります。それが毛筆により縦書きで書かれ続ける間に、次第に一文字に合わさっていき、ついに「凧」という国字が江戸時代のうちにできあがったのです。「麻呂」が融合した「麿」（八二ページ）と同じように、一語なので二字が融合するパターンの合字です。

「風」や「鳳」は音を表す「凡」の中に「虫」や「鳥」を入れた字でしたが、「凧」となって、すっかり風が吹いたり風を切って鳳凰のように舞ったりする様子を想起させるようになりました。

江戸っ子は上方に対抗したためといわれていますが、うちの凧は京阪よりも脚が二本少ない蛸だ、として「たこ」と呼ぶようになりました。そのまま「蛸」と書く人もいましたが、やはり江戸の人たちも動物とは書き分けたかったのでしょう、「凧」の訓読みとしても「たこ」が定着していきました。

近畿やその周辺の四国、北陸などでも「いか」「いかのぼり」と呼ぶ人がだんだんと減りましたが、その名残は新潟の一部で祭りの名に、「凧」に「いか」という読み方が方言（俚言）のように残されています。また日本は狭いようで実は広く、長崎などでは「旗」に似ているとして同じ玩具を「ハタ」と呼び、長崎では「凧」を「はた」と読み、やはり祭りの名前に使われ続けています。国字も各地のことばを柔軟に訓読みとして受け入れながら使われているのです。

匂う

におう

「におう」「におい」には「臭」という漢字も当てられます。これは「自」つまり「鼻」の上部にある鼻の象形文字と、「大」（もとは「犬」）とを組み合わせた字でした。これは古くは蘭の臭いのように良い香りにも使われたのですが、次第に悪臭を指すようになっていきました。

「韻」という字は音の響きのイメージが強いですが、香るという用法も生じました。この字は「韵」とも書かれ、単に「匀」や「匂」とも書かれます。

これが日本で好まれました。王朝時代に「匀」を行書で続けて書き、中の「冫」が「ヒ」のように書かれることが増えます。これを楷書にすると「匂」（中はヒ）のようになりました。実は中国ですでにこの書き方も見られたので、カタカナの「ヒ」はあまり関係ないようです。活字の時代になってから、「匂」と中をしっかりとはねることが普通になっていきます。

やまとことばの「におい」は、香りだけでなく光なども表したのですが、これに「匂」が当てられました。「彼女は秘密があることを匂わせた」なんていう比喩にも使われていますよね。「イン」という音読みは消え、森鷗外らがこだわって使った「匀」という漢字も日常から消え、その意味や形のつながりもほとんど意識されなくなったため、国字と見なされるようになりました。かつて、これに草冠をかぶせる字があり、そこまで加工が重なると、もう国字と認めることに間違いありません。

二〇一〇年、常用漢字表にこの字が追加されました。これで「臭い」と「匂い」は公式に書き分けができるようになりました。嗅ぎ慣れない香水はどちらでしょう。

「こうじ」は中国では昔、麦で作られ、「キク」のような発音で呼ばれていました。そこで、素材の麦（古くは「麥」）と、キクと読む「匊」という字が選ばれ、組み合わせて、こうじを意味するようになりました。キクという発音の単語には、菊の花や鞠のような丸いイメージが込められていたのでしょう。

日本に伝わりましたが、この国では、こうじを麦ではなくて米で作ることがあります。そこで中世には、米に花と書く国字の「糀」が生み出されました。音読みは要らなかったし、イメージが湧きにくいので「匊」をやめて、ここでもきれいな「花」に喩えたのです。

地名には、麹町もあれば、糀谷（こうじゃ）もあるように、両方とも使われています。近年しおこうじがブームになって、「塩麹」のほかに「塩糀」という表記が商品や広告に溢れました。

選べるということの豊かさを、私たちは文字にまで持っているのです。

糀

こうじ

盌る

もる

奈良時代に編纂された和歌集である『万葉集』巻二に、有間皇子の作として、

家にあれば　笥に盛る飯を　草枕　旅にしあれば　椎の葉に盛る

という歌が載っています。旅先では家にいるように飯を食器には盛れない、と嘆いていると解釈されます。二句目の「けにもるいひ（い）」は原文の写本などでは「笥尓盛飯」で、「もる」は「盛」と、現代と同じ漢字で書かれています。

それから百年余りが過ぎ、平安時代に入って僧の景戒が編纂した説話集の『日本霊異記』には、

鉢に饌食を盌りて

という文が記されています。原文は日本化した漢文なのですが、ここでは読み下してあります。ここに辞書にない「盌」という字が使われています。丁寧に読み仮名つまり「訓釈」が付いているので、「もる」と読ませることがわかります。

「皿」の上に「成」という漢字は、上の部分が「セイ」や「ジョウ」という音読みを表す構成ですが、それを「飯」として、炊いた米を皿の上に盛ることを目に訴えかけて表現しているのです。この本にしか見られない、用途は狭いけれど意味が情景とともに伝わってきそうな国字といえるでしょう。ご飯を盛り立てているようです。

土などを「もる」という字を、明治の作家である泉鏡花

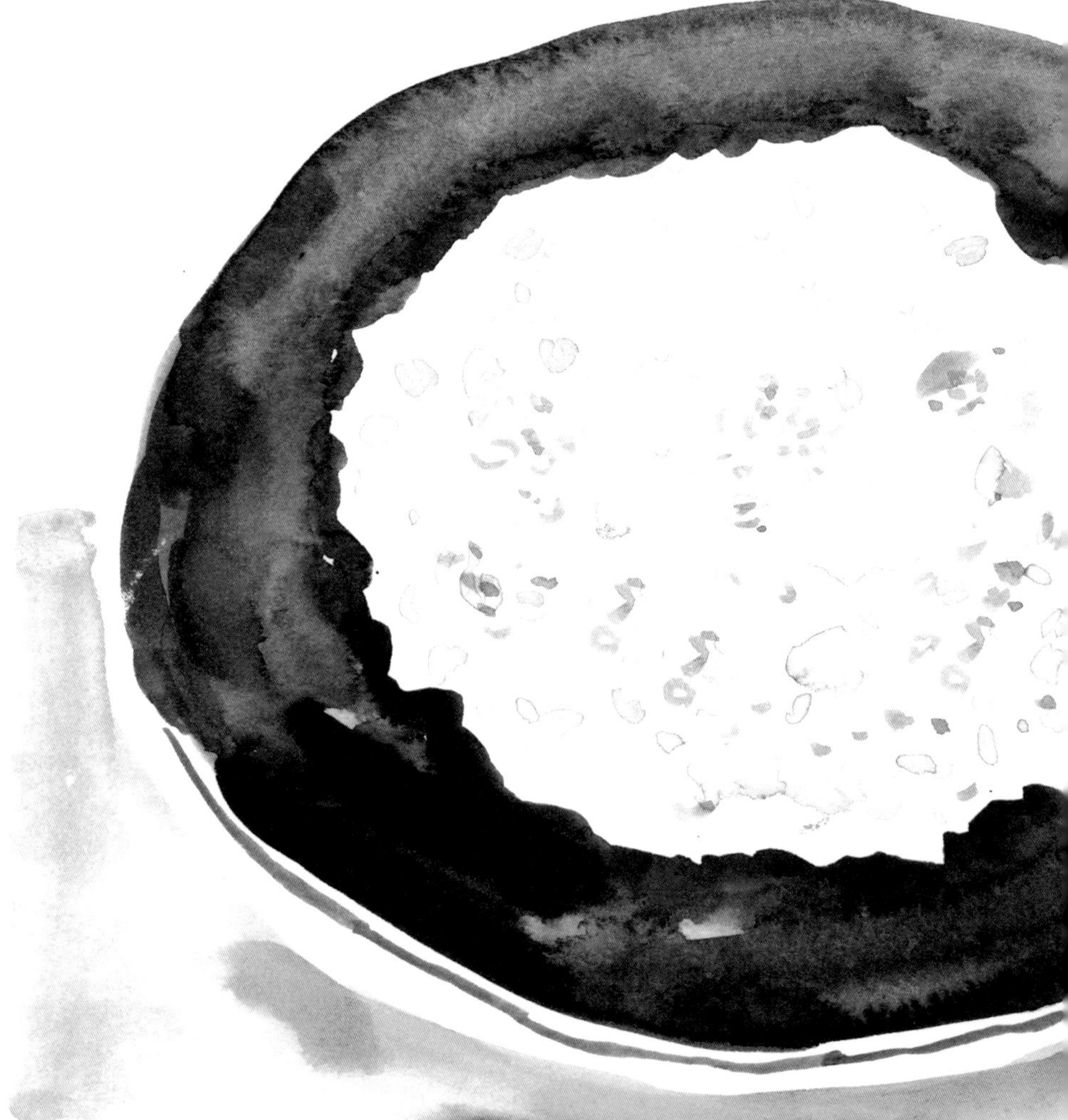

「装（よそお）う」は「装る」とも書きました。ご飯をお茶碗などに「よそう」とよくいいますが、実はこの「よそおう」が短くなった語だったのです。暮らしの中で、「よそって」と言うことが多く、終止形をあまり使わないせいか、「よそる」といった語形も派生しました。サラダに掛けるドレッシングも「ドレス」のing形なので、食品を装うという点で洋の東西に発想の共通点を見つけることができます。

躮

せがれ

戦国の世にあって人々は我が子のことを「せがれ」というようになります。初めは女子も指しましたが、次第に男子に限定されるようになります。語源は痩せ枯れの意とされるところから、やつれている、憔悴という意味の「悴」（略字は「伜」）が当てられました。子のことを謙遜しているとはいえ、ときおり飢饉が起こり、栄養状態も良くない人が多く、太っていることが裕福な証拠とされる時代だったわけです。

さらにその「忄」（立心偏）を、人間なので「イ」（人偏）に変えて「倅」（音読みは「サイ」「ソツ」、副える者などの意、略字は「伜」）を当てることが増えます。江戸時代のうちに、さらに語頭の「せ」に「世」を当て字して「世倅」などと書くようにもなります。「せがれ」は表記の上でも成長していったのです。

しかし「悴」のような漢字による表記では、なにか「せがれ」としてピンとこないという人もいたようです。そこで血を分けた子という点に着目して、「分身」を合わせて「躮」と書くことも近世前期の俳諧などから起こります。このほうが会意文字としてしっくりきた人も多かったのでしょう。各地の文書のたぐいにも使われていて、特に信州の文書で使用が目立つという報告もありました。文芸では西鶴作品に見られるほか、浮世草子では「躮」の字を「むすこ」と読ませる応用もなされました。

働く

はたらく

「はたらく」は、古くはパタパタと体を動かすという意味だったので「動」と書きました。しかし、これでは「うごく」と区別がつきません。だんだんと精を出して仕事をする意味になっていき、区別のために「亻」（人偏）が付けられました。古くは「駱」や「蟋」とも書かれたように、魚や虫が動く場合にも使われていましたが、戦国時代には戦場でのはたらきに対して「働」がよく使われるようになります。

仕事に熱心な日本人だから「働」という国字が作られた、とも言われますが、それは後付けだったのです。でも、この字が人々の勤勉さを心のどこかで支える作用を

してきたという面はありそうです。

後に、旁から『ドウ』という音読みが作られて、「労働」「稼働」「実働」「自働」などの熟語を作り、日本語の語彙を豊かにしていきました。最近では「協働」という戦前からあった語がまたよく使われるようになっています。

「面倒」を「面働」と書くことも、幕末から明治初期にかけて飛び交った書簡（手紙）などによく見られました。

よく略して『仂』と書きましたが、これではカを出しているだけだ、これからの時代は動くだけでは『はたらく』とは言えず、考えないといけないので『侟』でなければ、と新たに作り変えた社長さんもいました。昭和のお話です。

俥
くるま

「人」と「車」というシンプルな二つの象形文字を並べた漢字は中国にあり、将棋の駒や南方の方言文字などで使われていますが、近年まで日本社会では知られていませんでした。日本でも、奈良時代に律令や木簡に、それと見られる漢字が使われた形跡がありましたが、後代に影響を及ぼすことはありませんでした。

明治の初めに人力車が発明され、この車を表すために「俥」という字が作られます。明治の夭折(ようせつ)の作家、尾崎紅葉の作といわれることがあり、実際に作品に使われていますが、それよりかなり前の一八七二年に新聞の記事に登場していました。文明開化の今、効率を重視すべしということで、馬車は合字にして「騂」と、人力車は「人」と「車」を合わせて「俥」と書くことを読者に勧めています。きっと筆者が独自に思い付いたものなのでしょう。

馬車のほうはスペースが一字分縮まるだけですが、「俥」は画数が少なく、「くるま」と読んでも大八車などの荷車や馬車ではなく人力車のことだと区別が付くので便利です。人と車が左右に並んだ配置も、状況が目に浮かんで絶妙です。ここから広まっていったようです。

ただし明治期の作家たちは、人力車を指して「伆車」や「人車」と書いて「くるま」と読ませる表記も使っており、一気に定着したわけではありませんでした。

「俥」は「くるま」だけでなく、「じんりきしゃ」と読ませるケースも見られます。辞典にも最速で収められ、使用層が拡大していきます。人力車を引く「車夫」も「俥夫」と書かれ、この国字がシャという音読みまで獲得するという「成長」の速い字でした。

人力車は中国に輸出されましたが、そこでは「人力車」のほか「東洋車」「洋車」などと呼ばれ、この字は選ばれませんでした。その後、人力車は交通手段としての役割を自動車（自働車とも）に取って代わられ、この「俥」の字も「騂」と同様に歴史の表舞台から消えていきました。しかし、今では各地の観光地で人力車が復活しており、人力車を引いて走る車夫の法被の背などに、力強く書かれたこの字を見掛けることがあります。

込む

こむ

鎌倉幕府の公式の歴史書である『吾妻鏡（あづまかがみ）』に「込」が使われています。平安時代の辞書に載っており、文書に用いられた形跡もあります。古くは「はむ」などの訓も持っていました。「申し込む」「逃げ込む」「入り込む」「込み入る」など複合動詞としても多用され、現代の日本では「働」と一、二位を争うほどよく使われる国字となっています。

車内に人が多くて混雑していることを「車内がこむ」と言いますが、これを「混む」と書きませんか？　これは百年余り前、明治期から現れた当て字で、江戸期には「込む」と書いていました。押し込めた状態なので「込む」だったのです。

しかし、「混雑」という単語が、混ざり合うという意味から狭いところで込み合っているという意味に人知れず変わったこともあって、混雑している状態だから「混む」という意識が生まれてこの表記が人々の間で広まり、ついに、二〇一〇年の常用漢字表の改定の時に、私は「混」という字に「こむ」という訓読みを追加することを提案し、採用されるに至りました。もちろん本来の「車内が込む」という書き方も間違いではなく、また「立て込んでいる」のような用法も残っています。

この国字は明朝体やゴシック体などの活字で見ることも多いため、その影響を受けて「入」の部分を「ス」のように書く人がいます。しかし、「入」という字の意味が生きていることに気付けばきちんと書けるはずです。

古来、「込」は「こもる」という動詞を書くときにも用いられてきましたが、常用漢字としては「籠もる」と書くことになりました。

雪の中を速く進むには、「そり」が必要です。もちろん、沖縄や九州など降雪が少ない土地ではあまり必要もないでしょうが、北陸や東北、北海道では、必需品でした。

「そり」には「橇」という漢字があるものの、例によって形声文字なので、日本の人々には今一つしっくりきません。そこで「雪車」と二字で書く人たちが現れます。さらに江戸時代のうちに、それを合わせて「䡪」という字が作られました。中には、車というよりも舟だと思って「艝」と書く人もいました。こうして雪国ではこれらの国字が使われ、地名にも用いられてきました。

その後、普段使う人がいなくなったのですが、地名のためにとJIS漢字に採用されたことが思わぬ展開を生みました。「サンタさんがそりに乗って」なんて打ちたい若い人たちが、「そり」と打って何気なく変換キーを押すのでしょう、すると「䡪」や「艝」が使っていいよと変換候補に並ぶのです。それを事もなげにブログやSNSに投稿するのは、やはり初見でもしっくりくるからなのでしょう。こうして、再びこれらの素朴な国字が、舞台を紙面ではなく画面の上に替えて、よく使われるようになってきたのです。

轌 艝

そり

瓲

トン

羽田空港に行くときに、モノレールを使うことがあります。車内を見渡すと、端っこの掲示に「瓲」という字が見られます。重さを表す「トン」です。この字の中にある「瓦」は、音読み「ガ」を「グラム」のオランダ語「ガランマ」に当てたもので、メートル法の重さを表しています。「噸」という字も近代中国で生まれて、江戸時代に入ってきたのですが、「瓲」とは使い分けもあったようです。「瓩」はキログラムを一字に圧縮したものです。これは実は明治時代に、気象台が会議を

重ねて作り上げた国字でした。気象情報を発表する際に、カタカナだとスペースを取ってしまうことに対する解決策だったのです。同時に、「粁（キロメートル）」「竡（ヘクトリットル）」、小数のほうには「糎（センチメートル）」「瓱（ミリグラム）」などの字も作られました。ただ、あまりにも規則的に作ったため、「竍（デカリットル）」のように、その後ほとんど使う機会のないものも法令の一覧表などに載せられ、辞書の中で転載され続け、今に至っています。

私が子供の頃、集団登校の待ち合わせ場所に駐まっていたトラックにも、「瓲」という字が書かれていた記憶がうっすらと残っています。

モノレールでも新型車両にはもうこの字は見られません。「トン」「t」、意味は伝わりますが、重量感が違うように感じられるなんてことはないでしょうか。

麿

まろ

古代において、男児には「まろ」という名前がよく付けられました。丸々と太って丈夫な子になるように、と丸いという意味が込められたとも言われます。

万葉仮名で「万（萬）呂」「万侶」などと当てられたのですが、次第に「麻呂」が定着していきます。奈良時代の肉筆は、平城京から出土する木簡や、正倉院に伝わる古文書などに見ることができるのですが、それらで上代の役人や写経生たちの筆跡を眺めていると、面白いことに気付きます。「万呂」や「麻呂」が時代とともに、それぞれ一文字のようにくっついていくのです。奈良時代も初めの頃には明らかに二文字なのです。飛鳥時代から活躍した柿本人麻呂も、時代から見て二文字で書いていたと思われます。それが、天平年間の前後になると一文字とも二文字とも判断のつかない微妙な形を取ることが増え、そして平安遷都の前には「麻呂」は合体が完了して「麿」という国字ができあがっているのです。「麿」「摩」のような漢字があり、それを土台と考えたことで、合字が成立したのでしょう。

平安時代以降は、「麿」だった人も「丸（まる）」で代用されるようになり、また、牛若丸が現れるように「丸」が席巻します。江戸時代になると尚古（しょうこ）思想（昔の文化を手本とする考え）が高まって、また「麿」が名付けで脚光を浴びます。今でも赤ちゃんの名前に使える字となっています。「ま」とだけ読ませるケースが増えてきました。

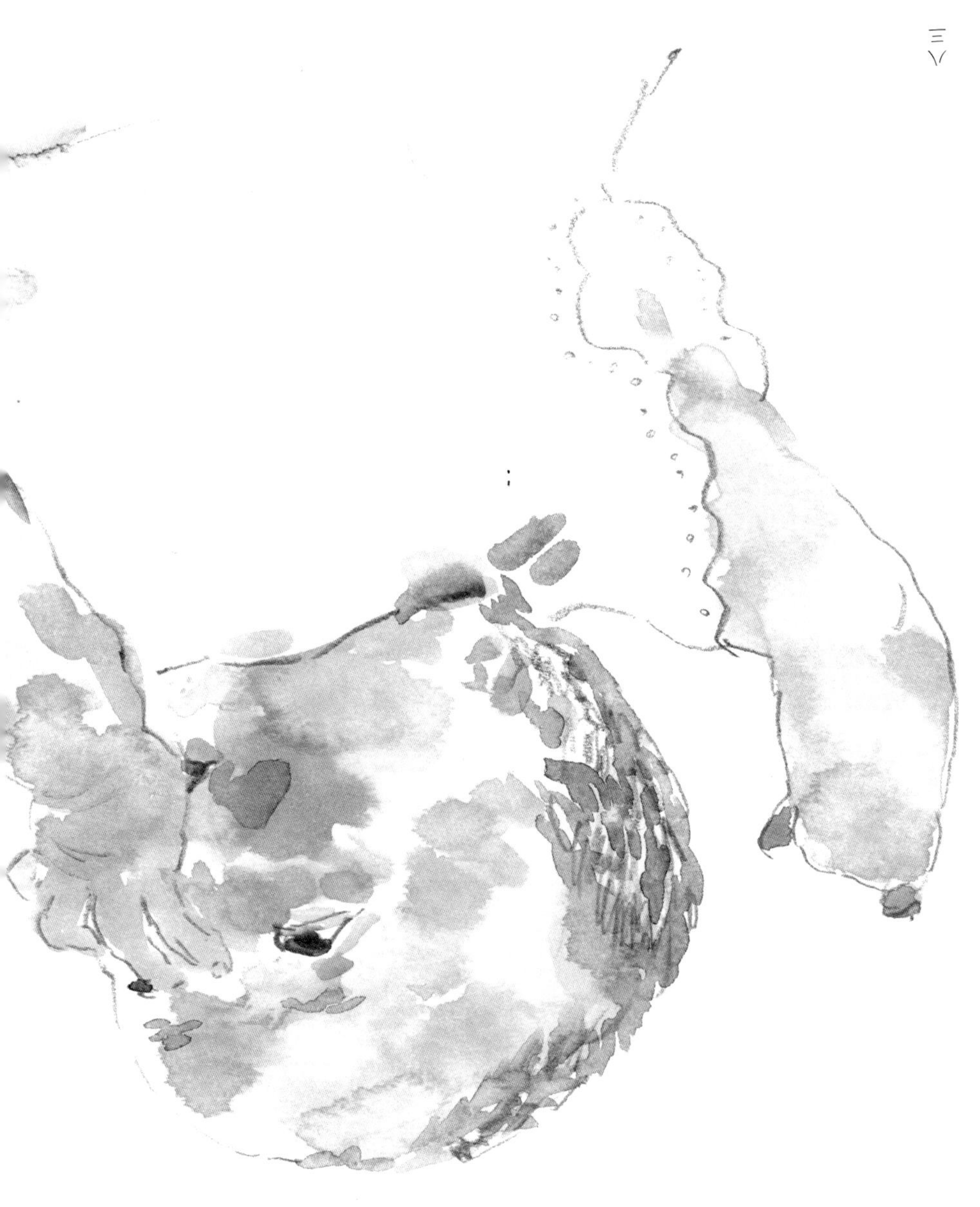

枠

わく

ワクは、平安時代に綛糸（かせいと）（「綛」も国字）を巻き返す道具として、辞典や『今昔物語集』などに現れます。漢字の「籰*」や、その下部の「又」を欠いた形などでも書かれるように、ワクはもとをたどるとこれらの字の音読みでした。

籰*

そこから中世末期に、四周に組んだ材を表すようになり、江戸時代には、土木関係の本や文書に「枠」という字が使われるようになります。この字は、柄（え）を穴にはめることを意味する熟語を持つ「桙（ソツ）」という漢字が意味を派生させ、字体も略されたものと考えられています。もとの字から大きく変わって用法も離れたため、「枠」は国字と認定されています。

戦後になる頃に、このワクという語は抽象的な意味合いで使われることが急増します。範囲や制限といった意味で、「予算枠」「人員枠内」などと用途が増えたのです。ただし戦後は、「当用漢字表」という漢字をなるべく使わないように制約をかける漢字政策が強固に実施されたため、漢字が使えなくなって、「わく」「ワク」と仮名表記されることが増えます。それこそ使える漢字に厳しい枠を設けたのです。

これで覚えなければならない漢字は減ったわけですが、「予算わくにとらわれず」などと新聞や雑誌で書くと読み取りにくく、かえって困惑することが増えました。そこで一九八一年に、漢字制限の方針が撤廃されて「常用漢字表」が制定され、ついに「枠」が採用されました。なお、ワクは先に述べた通り漢語が起源の語ではありましたが、そこでは訓読みとして扱われています。

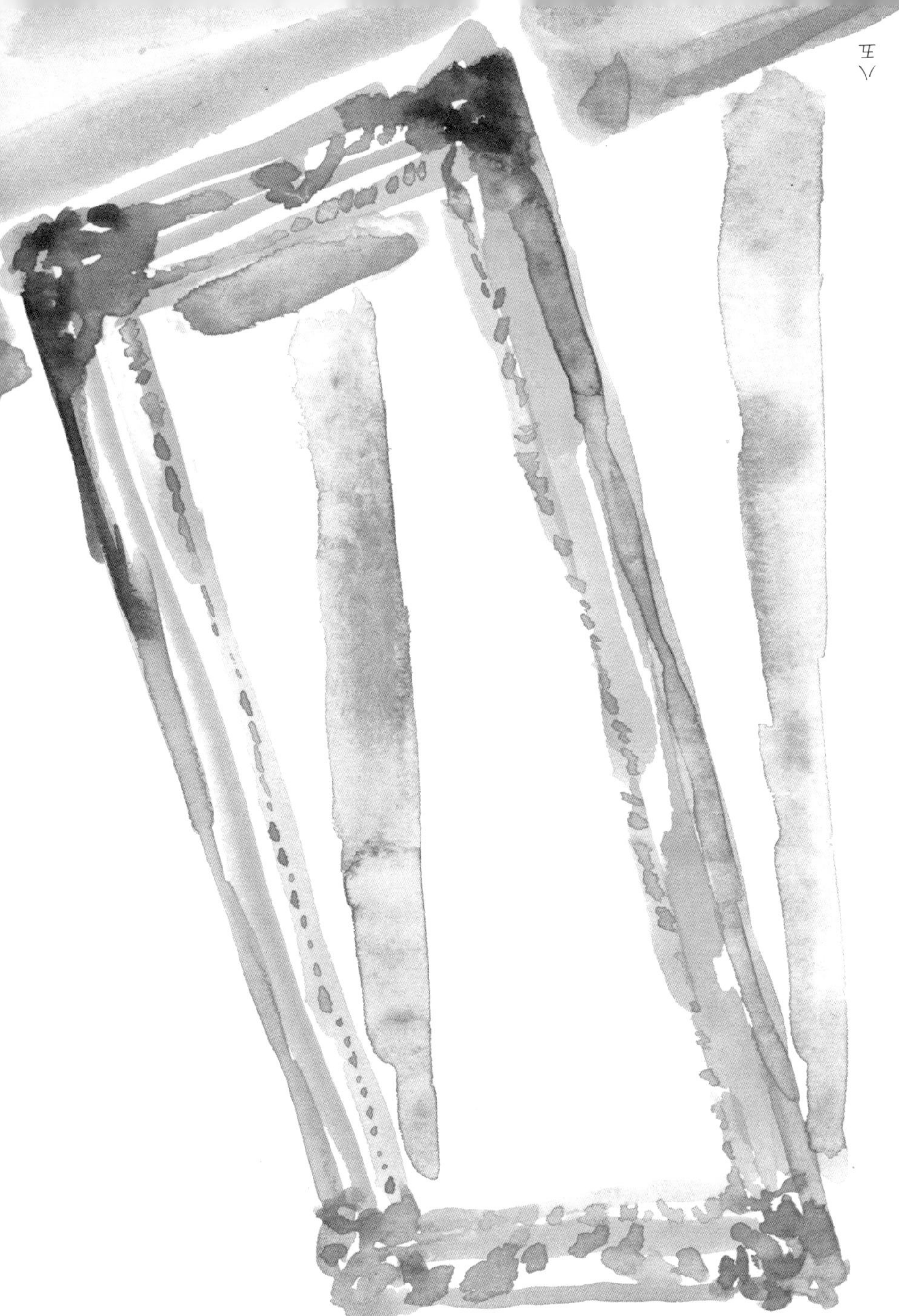

辷る すべる

この「辶」に「一」とだけ書いたシンプルな字は、「まろぶ」という読みで平安時代の『今昔物語集』などに現れます。当時は、「辶」に点が一つでも二つでも気にする人はいませんでした。「辶」は進むことで、この「一」は、すってんころりんと転んだ様子を表しているのでしょう。国字にしては珍しい、象形文字のような構成要素を含んでいます。

この字の「一」を応用し、真っ直ぐに立てて「丨」とした「辷」で、「おしたつ」「おしたてる」などと読ませる字も作られました。

「辷」のほうは、やがて「すべる」と読むことが増えます。「一」は確かに横へと滑っている様子にも見えますよね。「氵」（さんずい）に「骨」と書く「滑」という漢字よりも、見た目がわかりやすく感じられませんか。「地滑り」は、「地辷り」と書くことがよくありました。中世の『温故知新書』という辞書には「つんと」という読みもあり、物を切るときの「ちょん切る」感じを表す際に使う人もいたようです。

これとは別に、「亡」という漢字も形が崩れて、「辶」のように書かれることもありました。

十字路を表す「辻」という字も平安時代からあったためか、これを応用する人が現れました。「辶」に「二」「三」「四」…と数を代入し、「九」まで入れることも起こったのですが、それぞれの読み方があまりピンとこないものだったこともあってか、世の中には広まりませんでした。

木一

ほだ

昔は、枯れ木や木片を炉やかまどにくべていました。ストーブや風呂もそうしたたきぎを燃やしたものです。たきぎのことを「ほだ（ほた）」とも呼びました。中世に、「榾柮（コットツ）」という熟語で短く切られた木を表す漢字を見出し、やまとことばの「ほだ」に当てて定着させたのは、日本の人がたきぎに骨のような形と雰囲気を感じ取ったためかもしれません。

これがもとになったのでしょうか、「木一」と書く字も登場します。腕骨や大腿骨などの骨を単純に象形文字にすれば「一」となりそうです。中国でも「かんぬき」に対して「閂」という字が作られました。門を閉じるための横木がやはり「一」と表現されています。

この「一」は「ほだ」に対する象形文字ともいえます。国字に象形文字はあまりない中で、この字としてのバランスを度外視し、素朴さをたたえた一文字は、かえって目を引くものでしょう。

動動動く

ばためく

「ハ」行音は奈良時代にはパ行で発音していたことが、万葉仮名やオノマトペなどからわかっています。「ハタラク」の「ハタ」は「パタ」であり、濁らせて強めれば「バタ」となります。

「バタメク」は、轟くことをいいます。「動」を「轟」のように三つ重ねた国字が室町時代の辞書に出現します。その辞書では「動動動」の注に「天神」とありますから、大宰府へと左遷された菅原道真が祟りを起こして雷電を轟かしたことを指すのでしょう。「火」を三つ書く漢字もそこにはありますが、この字には「富士」と注記があるので、富士山の大きな噴火を表したのでしょう。

字を三つ重ねると、二つの働きが出ます。一つは、数が多いこと。三つ以上はひっくるめてたくさんと言える、というのは世界各地に見られた人間の数の捉え方のようです。「森」がその例で、木が茂った様子を表します。「森」が神社などの「もり（杜）」を表す

のは日本独自の用法で、国訓です。龍を三つ重ねるなんていう字も中国で作られ、日本では下部を「メ」として龍を三つ、四つ重ねる字の略字としても使われました。それぞれが小さいことを表します。もう一つは、その代表で、中国でマムシのようなヘビを象った「虫」を三つ書くことで、形が少し似た小さなムシを表すようになったのです。それを略して「虫」と書くようになって、本来意味するところだったヘビは追いやられたのでした。

ハタラクのは良いことですし、流れた汗をパタパタと煽ぐのも気持ちのいいものです。しかし、度が過ぎていつもバタバタとし、ついにはバタンと倒れ込んでしまう――それでは元も子もありませんから、そうなる前に、休みを取りましょう。

茣蓙

ござ

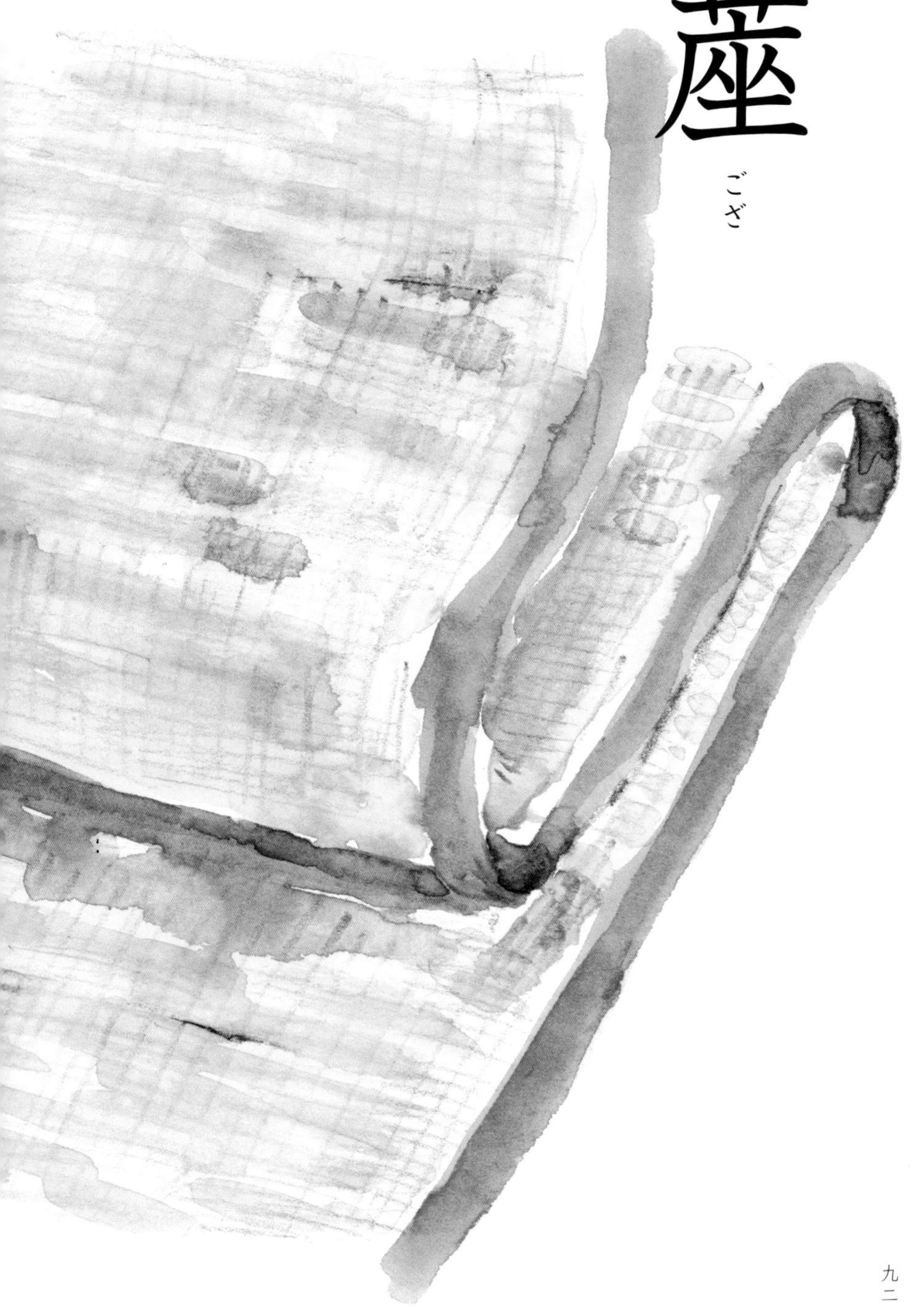

藺草で編んだ敷物のゴザ莚のゴザは、今では手頃な敷き物をイメージしますが、ことばも物も平安時代に「御座（ゴザ・ギョザ）」と呼ばれたものに由来します。そもそも中国では、「御」は皇帝に関する事物に付ける接頭語でした。この「御座」は日本では貴族が座ったり寝たりする席を意味し、さらにそこに敷く物を指すようになりました。

この敷物としての「御座」という語がやがて宮中を出て一般に普及し、敬語においては敬意は次第にすり減っていく（逓減する）という法則のように、そこではすでに尊敬の意は失われていたので、「御」と書かねばという発想はもうありません。そこで江戸時代には「胡座（坐）」「臥座」とも書かれるようになり、さらに「蓙」という国字も作られます。一字で「ござ」と読ませるため、訓読みとなります。「蓙」に似た「莝」という切り藁を意味する漢字を当てることもありました。

明治時代には、「莫蓙」と二字で書かれることが急増します。これは「蓙」は音読みするならば「ザ」としか読めないだろうという意識から、同じ草冠の漢字で「ゴ」と読めそうな字（ヨモギに似た植物の名）を探して当てたものだったのでしょう。部首を揃える当て字は「葡萄」「珈琲」「護謨」など中国でも日本でもよくあります。

「ござ」を含む敬語には「ござる」もあります。「御座ある」が縮まった語で、もとは「御座す」「御座します」という和語を音読みしたものでした。江戸時代には「〜でござる」という言い方がかなり広まって、「厶る」と簡単な漢字（「私」の旁で、中国では「某」の代わりとしても使用されました）で書くようになりました。これは、もともとは芝居小屋で、客に貸すために莫蓙を三角に畳んで置いておいたことから、「△」で表示していたことに由来します。この「△」が記号として文中で「ござる」の表記に転用され、次第に漢字っぽく形を変えたものでしたが、これはすっかり国訓として認められるようになりました。

毟る

むしる

毛を少なくすると書いて「むしる」。よくできた字ですが、漢字には草冠の下に「毛」で、「芼」という字があります。これが草などを抜く、取るという意味を持つ字で、おそらくこの草冠（元は「艸」）が四画で書かれた「艹」のような形を「少」と解釈した人が中世にいて、「むしる」と読ませたのでしょう。始まりは何であっても、しっくりきたらそれが習慣になっていくものです。

やがてこれに「扌」（手偏）を付けた人がいました。江戸時代の誰かで、「𢭏」にすることで、より動作が見えるようになりました。これに「劣」という字が混ざって、「挘」という字も現れます。手で少しの力ですることとして、やはり「むしる」と読むことが明治期に現れます。尾崎紅葉などの作家たちが、ペンを持って原稿用紙に書くうちに、派生したのかもしれません。

どれが正しくてどれが間違っているとかは、これらにはありません。お蔭で、むしり方やむしる物によって書き分けることもできそうです。

「梨をもぐ」なんていうときの「もぐ」にこれらを使う人もいます。送り仮名の「る」を「ぐ」に変えるだけで、漢和辞典にはなくたってそう読めてしまうのが国字の良さでもあります。でも、この字には振り仮名があったほうが親切でしょうね。

燵

タツ

冬に部屋にあると嬉しい火燵は、一度入ると出たくなくなります。足から温めてくれて、人を横着にする暖房器具ですね。

コタツは室町時代に中国から禅宗とともに伝わったことばで、「火榻子」の唐音（日本での漢字音の一種）とされます。ただ、中国側にはこの三字の書かれた文献は見当たらないようで、日常生活の中のことばが記録されにくかった様子がうかがえます。北京語では似ても似つかない発音となるのですが、中国の寧波から来た留学生にこの三字を発音してもらったら、方言で「コタツ」のように発音してくれて、びっくりしたものです。

日本では中世の辞書に「火闥」とそれらしい漢字が当てられていたり、「火燵」と部首を揃えたのでしょうか、「燵」という日本だけの字が現れたりします。日本のほうが辞書や日記などに暮らしのことばや文字がわりとよく残るようなのです。国字には珍しいタイプの形声文字で、音読みしかない国字といえそうです。より暖かそうにも見える「炬燵」という当て字も広まります。

カタカナの「コタツ」ではどこか寒そうではありませんか？

昔のコタツは懐炉のようなものを入れるものだったため、温まるまで時間がかかったのを朝、雪国で思い知りました。

三章

受け継がれるこころと知恵

漢字にはそれを成り立たせるパーツがたくさんあります。書きたい語のためにどれを選んでどのように組み立てるか。その着想や選び方に人を納得させる機知がないと、他者の共感や同意を得て一般に広まるところまでは、いかないこともあったようです。今に伝わる国字には、先人たちが知恵や感性を働かせ、苦心した過去があったはずです。その一方で、遊び心や思い付きで作ったのではと思われそうな愛嬌のある字も混ざっています。

特に、ぼんやりとした概念を持ったやまとことばの単語である場合、そのどの部分にスポットを当てて、それをどう捉えるか、まず字の作り手のセンスが問われます。抽象的な意味に対しては、何にいかに喩えるかという点も大切でしょう。選択できる字がいろいろある場合、さりげない工夫、そして細やかな機微や情緒を感じて、良いなと思われたものが選ばれて文章に使われることもあったはずです。

このように、国字を作る際に焦点を当てたポイントと、それを良しとして受け継いできた先人たちの知的な営みには、さまざまな日本らしさが読み取れそうです。日本に暮らしてきた人々の感覚や心情、大切に思ってきた価値観、さらには温かな視線まで感じ取れるかもしれません。

俤

おもかげ

『今昔物語集』の写本に現れる国字なので、院政期には使う人がいたのでしょう。

「イ」（人偏）に「弟」と書いて「おもかげ」。「面影」のことです。兄の面影が弟の顔にあるという発想で作られたと思われます。

遺伝の現れ方はさまざまです。私には兄がいましたが母に似ていて、父に似た私とは似ていませんでした。ただ、声と話し方がそっくりだったそうで、電話だと間違われるほどでした。

ときどき顔立ちがそっくりな兄弟はいるので、確かにこの字を思い付いた人がいたのでしょう。「俤」という字を知って、素直に使いたいと思える人もいるはずです。

私が教鞭を取る、都内にある早稲田大学の近くに「面影橋」という橋があるのですが、古くは「俤橋」とも書いたそうです。

䯂
そぞろ

平安時代に平将門の乱を描いた『将門記』に「䯂」が現れます。「青」は「青」とも書きます。そぞろは、なんとなくそわそわする意。楽しい心情ではありません。英語では気持ちがブルーと言いますが、さすがにその影響はまだありません。

東国を舞台にした変体漢文に登場するこの字の上の部分は、心情の「情」の「忄」(立心偏)が旁の「青」の影響を受けて同化してしまい「𩇔」となったもののようで、中国でも「静」の異体字として書かれたものです。そもそも、「そぞろ」を表す字の大もとがその「𩇔」だった可能性もあり、日本でも中世以降、これも古書に散見されます。また、「情」という字は「青」と「心」とに分けられますから、これらを組み立て直し、「青」を増したのが「䯂」かもしれません。

微妙な感情をそれらしい文字にしてくれたためか、次第に使う人が増えていきました。また「心」が「青青」の上に乗る異体字もあり、また「青青」の部分が「静」になって「静」の上や下に「心」と書くもの、さらには上部にある「心」が変形して「止」とまで書かれているものもあります。よくわからないままに、崩し字を写した人が多かったのでしょう。これらの字は、「すずろ」「あじきなし」とも読みます。まさに気もそぞろ、字の配置のみならず読み方や意味まで落ち着きがありません。これらの動揺する国字が身を以て表しているかのようです。

江戸時代に、黒川春村という国学者は、そうした例をたくさんの和書で目にしては書き留めていたようです。それこそ、そぞろ神に取り憑かれたように熱中したのでしょう。何十もの用例を『碩鼠漫筆』(せきそまんぴつ)という随筆に集めています。すずろは当てのないという意味も持っていて、この漫筆は「漫ろな筆」(そぞろなふで)ですね。「すずろ」には、漫然という意味も加わっていきます。その記録のエッセンスは、大正時代に、手作り感がたっぷりの『大字典』という漢和辞書などにも引き継がれたようです。

青は気持ちを落ち着かせる色ともいいます。あなたにとって、青はどう感じる色ですか?

𡝗む

はにかむ

奈良時代には、生活用品や身の回りの魚や鳥や樹木といった物の名に対して国字が作られます。都が京都に移って平安時代になると、そこから離れた造字がいくつも現れ始めます。上代から中古へと移り、京都の宮廷社会が舞台になったことがそうした広がりに一つの影響を与えたようです。

平安時代の国語辞書に、「𡝗（㛈）」と書いて「はにかむ」と読ませる字が出ています。「はにかむ」は、歯が重なって生える、歯をむき出すという意味がありましたが、この字は恥ずかしがるという意味だと考えられました。辞書を編んだ橘姓のお公家さんが、知り合いか誰かが何かの文章に使ったこの字を見て、「は」の項目に掬（すく）い上げたのでしょう。漢字では「含羞（む）」と当てることがありますが、中国から伝わった「羞」という字の中には人の形跡はなく「羊」と「丑」しか見つかりません。

「気色ばむ」という語には、当時、怒りを含めたさまざまな気持ちが顔色や態度に表れるという意味もありました。意味ありげな態度を見せることをも言ったので、この字には実はもっと違ったニュアンスが隠れているのかもしれません。感情を表す語に「女」（女偏）の字が多いのは、中国の男性たちが感情が豊かなのは女性だと感じて、そのようにしたためでしょう。この字はそういう背景を背負っているのか、それとも日本の人の直観によるものなのかはわかりません。

女の人が恥ずかしそうに気色ばむ様子として「はにかみ」をとらえ、このように作ったか、歯をむき出しにして感情をあらわにする様子なのか。対照的な解釈が可能な字です。

人目を引く派手な振る舞い、飾り立てた外見、粋な好み。いずれも「ダテ」と評されます。ダテは、古来の「たてたてし」という形容詞から生まれた語とする説が有力ですが、伊達政宗の家臣の様子からできた語だとする、個人に目を向けた説もあり、「伊達」を当てることがあります。伊達という氏の由来は、陸奥国伊達郡の「伊達」で、古くこの地名は「伊」の文字通りの「いだて」と読まれていました。

ダテという褒め言葉は一字で「達」と書いてはニュアンスが表しきれなかったのでしょうか、江戸時代に「娏」と造字をして書く人が現れました。

戦国時代には、辞書でこの字は「ゆゆし」と読まれており、おそらく、素晴らしく立派だという賞賛を表そうとしたものでしょう。江戸時代には同じ字を、ダテと意味が重なる「きゃしゃ」と読ませることも起こりました。キャシャには「華奢」よりも「花車」と書かれることが多かったことも、この読み方を生みだす一因だったのでしょう。

中国では六朝時代に「華」から「花」を派生させ、「法華」も「法花」と書くこともありましたが、結局区別がなされました。

さらにこの「娏」という字を「はで」と読ませる人も現れました。派手は三味線の賑やかな奏法の「破手」の転とされる語で、ハデも「華美」「花美」とも書かれました。

このように「娏」で表される仕草や外見の人は、よく言う「華（花）のある人」と比喩の表現に共通点が感じられます。ジェンダーレスの時代にあって、「男伊達」という語も「男娏」と書くのがよいのかわかりません。そもそも多様性を認め合う時代なので、部首も「亻」（人偏）のほうが良い、という人もいるかもしれませんし、かつてはそういう異体字もありました。

婲

だて

誮しい

やさしい

「やさしい」には「優」という漢字があります。「優にやさし」という重なるような表現もできました。「憂える人は優しい」という字解きは、日本で中世の漢字教科書から見られますが、中国ではこの右側の部分は音読みを表すだけであって、そういう意味合いを込めて作られたわけではありませんでした。

「やさしい」に「誮」という字を作ったのは江戸時代の日本の人だったようです。優美という意味だったのか、それとも優しいという意味だったのでしょうか。もしかしたらその両方だったのかもしれません。

漢字には「譁」はありました。ただ「華」は「カ」という音読みを表すだけで、かまびすしい、やかましいという意味でした。この字は、「言」（言偏）を「口」（口偏）にして「嘩」とも書きます。「喧嘩」の二字目ですね。

実は、江戸の人は「華」を「花」によく取り替えました。「喧嘩」さえも「喧哶」とよく書いているのです。この字を見ていると、「火事と喧嘩は江戸の花」という勢いの良いフレーズを思い起こしませんか。

椛む

なぐさむ

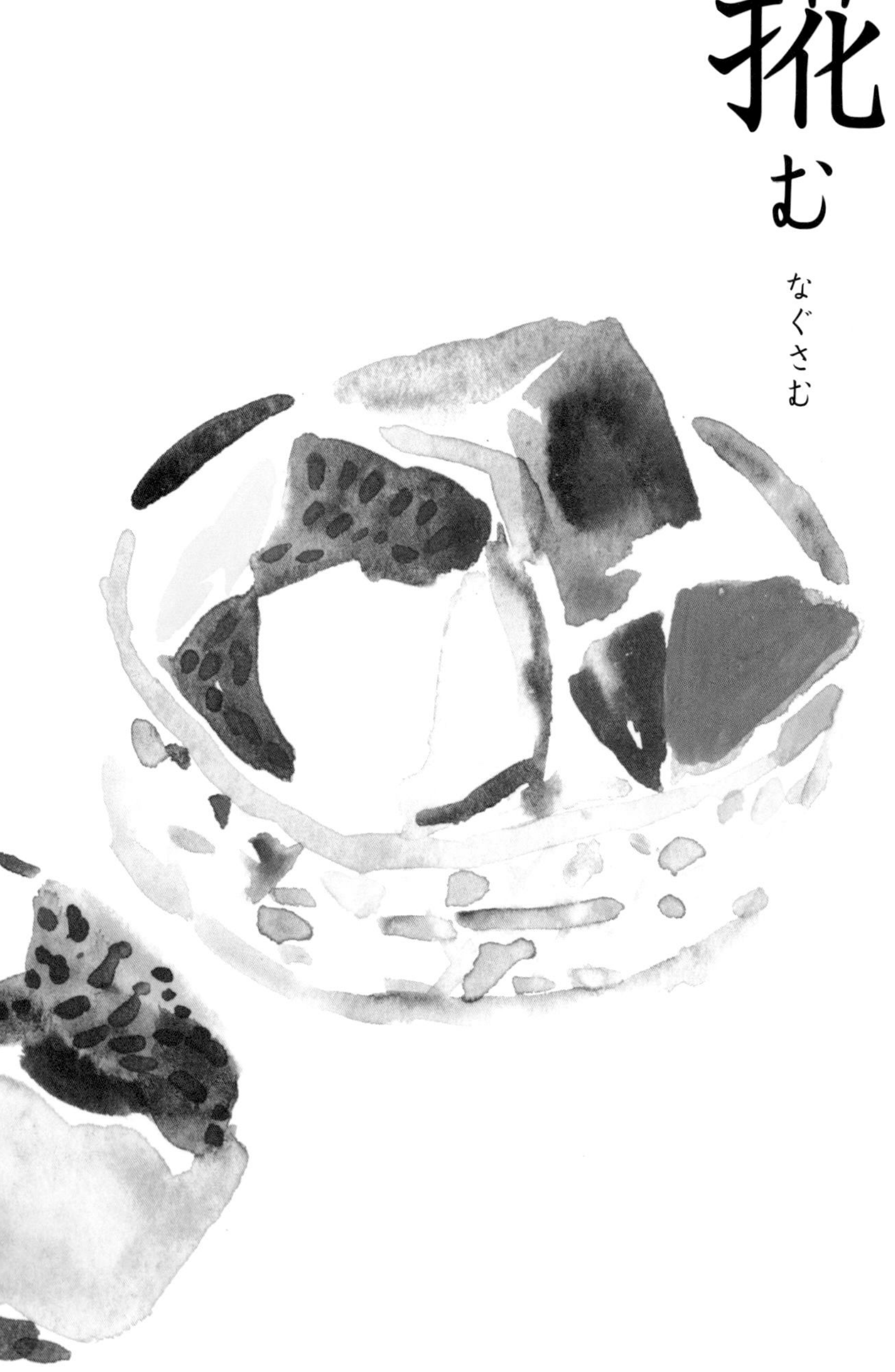

「なぐさむ」は漢字では「慰」が当たりますが、「てなぐさみ」にはちょっと合わない気もします。室町時代には「𢭏」と書く人が現れます。「すさび」「すさみ」（慰みの古語）として使う人も現れました。

中国の人は咲く「はな」に「華」を作り、六朝時代に草冠と「化（カ、ばける）」で「花」という、会意を兼ねたような形声文字を派生させます。それでも旁に使うときは発音を借りるためだけで、「樺」「喧嘩」のように「華」を好みました。中国ではやがて、「花」はお金などを使い果たすという意味も持つに至ります。

一方、日本の人たちは、「鞾（くつ、後に「靴」）」を「靴」と書く中国の一部の人たちの異体字を奈良時代に採り入れて使っています。

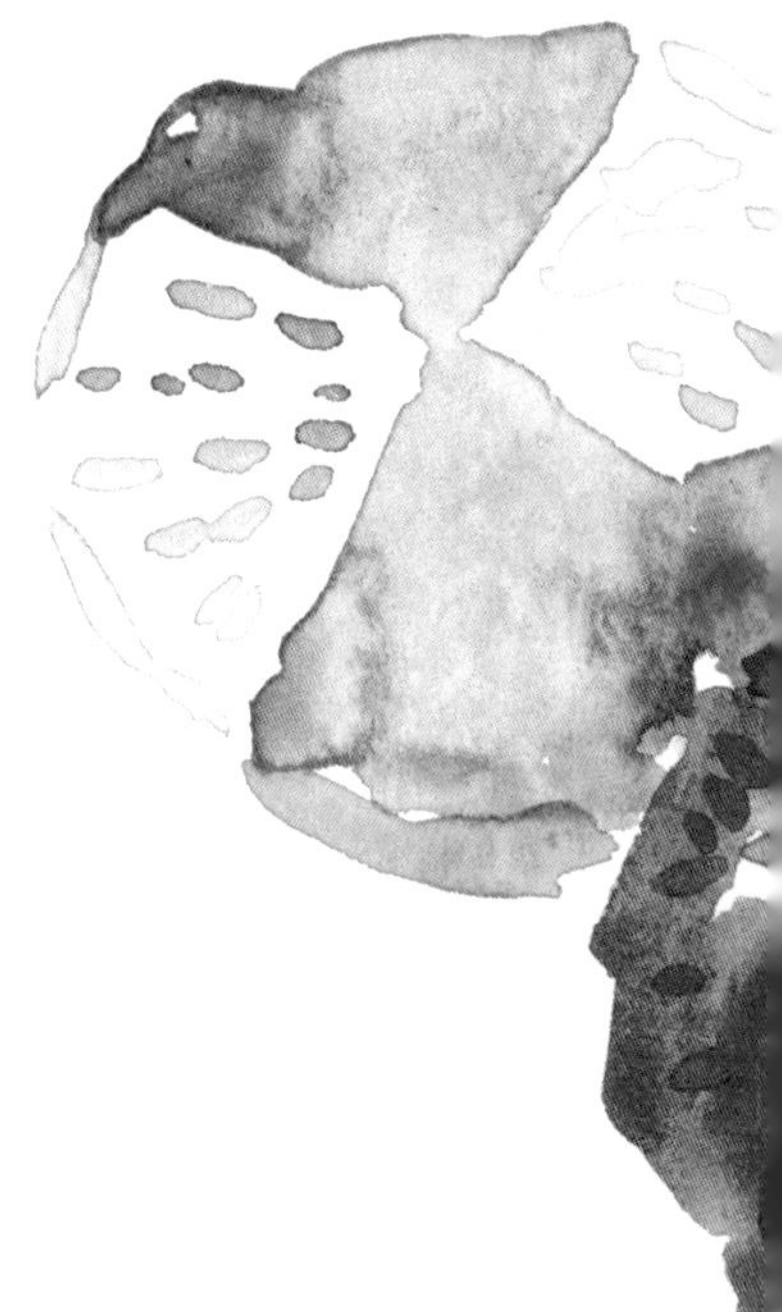

それを発展させて、「樺」は「椛」を生み出します。この字は「かば」ですが、「もみじ」や「なぎ」「はな」など、さまざまな読みが与えられてきました。

そうして国字を作るときにも「華」よりも「花」を好んだのです。中華や華やかさもいいですが、草が化したような花を使って、いくつもの日本らしい国字が作られてきたのです。

聢と
しかと

「しかと見届けた」。歌舞伎や時代劇などでよく聞くセリフです。この「しかと」は耳に定まるという会意のような構成の国字で書かれました。室町時代の辞書『伊京集』や文明本『節用集』などにも収められ、戦国時代には武将の日記に「聢落着候」などと使われ、江戸時代になると書籍や文書で「聢と」「聢与」と送り仮名を加えて多用されています。

こうして、接続詞や副詞の「さて」を表す「扨」（手と「叉」の変形）や、「〜とて」「とても」の「迚」などとともに、近世文書を代表する国字となりました。しかし、次第に漢字で「確と」と書かれることが増えていきます。

そして「しかと」は「しっかと」と強調され、さらに「しっかり（と）」にその役目を明け渡していくようになります。明治維新の後も、「身代などの聢りした」といった用法が文芸作品などに見られはしますが、「しっかり」のほかに「たしかに」という語を使うことが増えて、国訓の「慥」（「慥」とも）、そして漢字の「確」が国字の「聢」の地位を脅かします。

文明開化によって漢語の「確実」なども多用されるようになって、御家流という幕府が公式と定めた崩し字の書体で書かれることの多かった「聢」は、静かにその役目を終えて、辞典と歴史物の中にひっそりとその活躍の跡を残しているのです。

⿱⺍⿱乂冫

なくなく

『今昔物語集』に「哭々」と書いて「なくなく」と読ませるくだりがありました。この物語の原本は失われていますが、「慟哭」の「コク」で、苦痛から声を立てて泣くという意味の漢字に、二の字点と呼ばれる繰り返し記号「〻」を下に並べて書くことで、「なく」を反復させたのです。「哭」はもともと異体字で書かれることの多い字です。写本が書かれるたびにこれらの字形が少しずつ変わっていったようで、ついに合わさってこの「⿱⺍⿱乂冫」のようになってしまいました。

もともと二字分だったわけですが、漢字も記号も変形したために、いかにも泣いて涙が落ちている顔のように見えます。新しい写本を作る際に、この漢字と記号を書き写す人も、そのようにもしかしたら象形文字なのかもと感じて、よりそれらしく書いてしまった、なんていうこともあったのかもしれません。メールで使う顔文字のようにも見えてきます。

この「字」は、戦後に漢和辞典の『新字源』の「国字一覧」に、活字化された『今昔物語集』あたりから誰かが拾い上げました。そこから『国字の字典』に採用されるなど、立派な国字として一人歩きが続きました。『新字源』では、それが版を改めても生き残り、何十年も転載され続けたのですが、先年大幅な改訂を経た『新字源』では、ついにその一覧ごと削除されてしまいました。

平安時代に書かれた本は、実物があまり残っていません。誰かが写したものが伝えられ、またそれを別の人が写し、やがて板木に彫り込んで出版して、やっと多くの人が手に取れるようになったのです。

そうした本の一つに、この字を見掛けました。「花」の下に「心」で「いつくしみ」。なかなかきれいな字の選び方、組み合わせ方で、素敵な読ませ方ではありませんか。「花」をめでて、美しいものを花に喩えるのは日本の伝統でした。

でもよく考えると、こう読ませる字が古くからありました。中国で生まれた漢字の「慈」です。形声文字で「心」の上の部分が「ジ」という音読みを表すのです。この字を草書体で書くと、上の部分が「花」とよく似た形になります。私にはそう見えただけなのかもしれませんし、もしかしたら、古人が「花」と見えるように書いたのか、あえて「花」に置き換えたのかもしれません。

慈しみ

いつくしみ

䀁たい

めでたい

かわいがる、思い慕う意の「めでる」という動詞があります。その古文での語形が「めづ」で、上代から意味に合わせて漢字の「愛」を当てていました。それに甚だしい意の「いたし」を添えて形容詞にしたのが「めでたし」で、その口語形が「めでたい」です。

これには漢字の「玩」「妙」などもあてがわれましたが、語感に適した一字の漢字がなかなか見つからなかったようです。平安時代の辞書『色葉字類抄（いろはじるいしょう）』や『今昔物語集』の昔から「目出」と二字で書かれており、その後も本や文書で「目出度（めでたし・めでたく）」などとも当てられます。

鎌倉時代には「めでたし」は、「目ダツラシ」が語源だという意識を記す人も現れ、その後、神話で天の岩戸から目を出して外界を覗いた天照大御神の伝説が由来だという俗信まで現れます。こうした意識の広まりの中で、中世のうちに「目出」の「目」は偏になる、「出」は旁に置けると して合字にし、「䀁」と書くことが増えていきます。

特に、あえて仮名を使わずに漢字だけで文章を綴ろうとする、真名本(まなぼん)と呼ばれる独特な表記体の文章において、この合字が好まれました。例えば四部合戦状本『平家物語』、真名本『曽我物語』に使われています。

「䀀」という国字は、日本ではより古くから、辞書には「あきらかなり」という訓が示される字だったので、そういうプラスの文字感がこの字にあって、そこにちょうどこの「めで」が被さってきたのかもしれません。

現代では「目出」やその合字となると、めでたさと目が出ることとのつながりにしっくりこない人が多くなっているのか、漢字ではせいぜい「お芽出とう」と書かれるくらいになってきました。

躾 躾

しつけ

「しつけ」は「仕付け」とも書きますが、仏教語である「習気（じっけ）」（身についた習慣）の意味も影響しているという説があります。

室町時代には武家の間で礼法が盛んになり、「躾」や「⿰身花」という国字が作り出されます。これらの字は礼法書や狂言の台本などに使われ、辞書にも載りはじめます。

「身を美しくする」「身に花が咲く」。なんとも心が華やぐような文字だと、しみじみ感じられます。しかし漢字を使う他の国々では、漢字の旁の部分に「美」や「花」といった字を用いることは稀だったのです。

江戸時代には、「しつけ」を「⿰身益」という国字で書く人もいました。しかし、次第に礼法の小笠原流が選んだ「躾」という字が広まっていきました。今でもよく手紙やメールに、「不躾なお願いで恐縮ですが」というように使われているのを目にする機会があることでしょう。こんなところにも、日本に住む人々の慎ましさ、恥を避ける文化が表れているのを感じられると言えるかもしれません。

かつて、「身躾」と書いて「みだしなみ」と振り仮名を付けた作家たちもいました。泉鏡花、直木三十五、吉川英治といった人たちです。

戦後、国で「当用漢字」が定められたとき、「音読みを持たない国字は外す」という原則が設けられました。したがって、この字も選ばれず、学校で教えなくなりました。

そんな中、普段目にする機会も減ってきたように感じます。私は大学で教鞭を取っていますが、女子大学生の中には、この字を「エステ」と読む人まで現れました。

エステが体を美しくすることを考えれば、頭ごなしに間違いとは言えない気もしますが、なかなか驚かされる出来事でした。時代の流れを感じさせて面白いのですが、試験で正解とすることができる解答とは、まだやはり言えませんので、ご注意ください。

譪く
つぶやく

一人でぶつぶつ小声で言う意の「つぶやく」は、漢字では「呟（く）」と書きます。これは日本で中世に生まれた用法で、中国では大声を出すさまを表しました。

近年、インターネット上ではSNSのTwitter（ツイッター）が特に日本で流行していましたが、そこではツイート（小鳥のさえずり）を「つぶやき」と称し「呟く」、まれに音読みを持ち出して初のツイートのことを「初呟」（「ショゲン」か）というように、「呟」という字がよく用いられています。感情に任せた独り言が世界に発信されていることを忘れて、大問題に発展するケースが少なくありません。最近、サービスの名がツイッターから「X」に変わったので、中身も少し変わっていくのでしょうか。

中世には、「密（ひそ）」やかに「言」うと書く「譪」という字が作られています（『運歩色葉集』京大本など）。「密」には「ささ」という読みが当てられて久しく、この旁にはささやくイメージも感じられます。同じ中世の時代に、お坊さんが作った辞書『快言抄』には「讗」という造字も「つぶやく」として見られ、熱田本という『平家物語』の伝本に実際に使われています。これらの字のように「言葉に覆いを掛ける」「密かに言う」のが「つぶやき」の本領だったはずが、デジタル化の中で「玄（くろ）い口」へと、ずいぶん変質してしまったように見えることがあります。

やり

戦場で使う長い武具の「やり」を中国では「槍」と書きました。「倉」は「ソウ（チアン）」という中国語の発音を表すものです。

日本でもこの字を使っていましたが、中世になると「鑓」という字が使われるようになります。先の金属に着目し「金」（金偏）とし、「やり」というやまとことばをダイレクトに表すように「遣」という字を旁に持ってきました。時を経て、武器としてのやりそのものに改良が重ねられていたのです。この字は後に、南北朝時代に後醍醐天皇を守った楠木正成が作ったという話も出てきます。

戦場で弓矢などを除けるために身に付ける「幌」は、日本で中世期に「糸」（糸偏）に変えられたり、「母衣」と二文字で書かれたりします。命懸けの戦いの中で、勇ましさだけでなく、神に助けを請うような信仰も生まれたそうです。兵法の流派によっては、それが合わさって「袰」と一字になったそうで、国字として名字や地名の中に残っています。東北と九州という中央から遠く離れた地で、方言漢字（地域文字）となったのです。

戦国時代には、「刀」には「カ田ナ」を合わせた「㓞」という暗号のような字が刀剣鑑定の人たちの間で使われます。

刀狩りなどを経て、今の時代には鑑賞用としてこれらの品々を心静かに見ることができるのは、幸せなことだと思います。

腺

せん

中国から医学が伝来し、漢方として独自の発展をします。そして多くの人のけがや病気を癒やし、命を支えてきました。『本草（ほんぞう）』という医学書には、たくさんの薬も記録されています。

しかし、江戸時代にオランダから西洋医学が伝わると、舶来の書物には漢方医の知らない人間の器官がたくさん描かれていました。実際に解剖をしてみて、蘭学書の人体の説明が正確であることを学んだのです。

その一つに、「キリール」という器官がありました。体液を分泌するための重要な働きをするものですが、漢方では認識されてこなかったのです。

ドイツのクルムスが記し、そのオランダ語版『ターヘル・アナトミア』を杉田玄白や前野良沢らが日本語に訳した『解体新書』などでは、「幾里爾」のように当て字が用いられましたが、使い勝手が良くありません。

そうしたさまざまな試みの一つとして、泉のように体液が湧き出る器官ということから、「肺」「肝」のように「月」（肉づき）に「泉」を合わせて「腺」という字を作り、便利な「汗腺」「扁桃腺」などといった熟語も作られていきました。今、私たちが「腺病質（せんびょうしつ）」とか「涙腺が緩む」とか言えるのも、蘭学者の宇田川榛斎（うだがわしんさい）という人の創意工夫のお陰だったのです。

宇田川榛斎は江戸時代に一番多く読まれた解剖書『医範提綱（いはんていこう）』を書くなどし、この字を広めていきました。

謴い

はかない

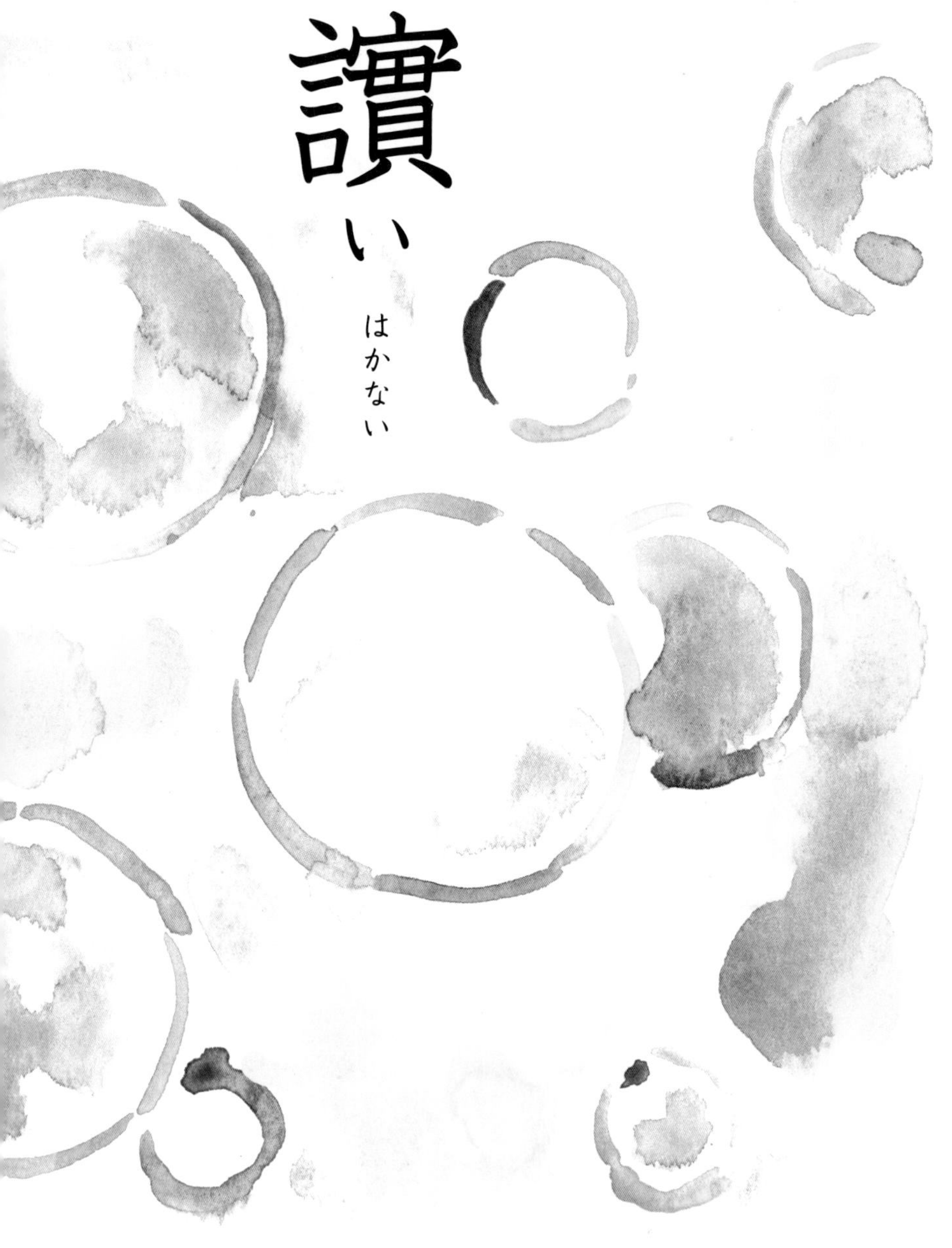

「はかない」という形容詞は、ぴったりの漢字が見つからなかったようで、中世には「墓無（し）」と当て字をされることもありました。室町期に書かれた『快言抄』という辞書にはこの字が収められており、「讀事（ハカナキコト）」とあります。「ことば」の語源は「ことのは」で「事の端」と考えられています。「實」は崩し字で「実」のように略されました。「言の葉」も「言の実」となるということで、同じ姿形は続かない、ということから、はかなさを表したのでしょうか。あるいは、「実言」とは真実の言葉という意味なのですが、「現実」には「言」は「信」じられるものにならないことが多くて「はかなし」と思う人が作ったのでしょうか。

「はかなし」には「儚」という字を当てるようになります。これは明治期に尾崎紅葉が創ったという話もありました。確かに紅葉の作品にこの字が時々使われていました。紅葉は文学史に名を残しますが、その名を馳せた『金色夜叉』は通俗的な文学だと自分で評していました。三十五歳の若さで亡くなっています。

「儚」で「はかない」と読ませることは実際には江戸時代にすでに見られるので、紅葉が戯作などで見知って、作品で使ったのかもしれません。「儚」は中国では、ぼんやりしているというだけの意味だったので、「はかない」は国訓となります。

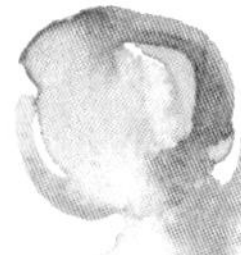

訬く

ささやく

ひそひそと話す「ささやく」は、中世にはいろいろな漢字が当てられました。例えば、漢字の「咠」があてがわれました。この字は蚕が糸を吐く口元、唇を意味する字でしたが、漢字に同義の「囁」があったため、それを略したのかもしれません。中国にもある字体なので、日本独自の用法を意味する国訓に分類されます。ほかには漢字を使うものとしては、「耳言（ささやく）」「耳語（ささやき）」「聶（ささやきごと）」などの表記も行われていました。

「私語」という漢字二文字をまとめて「ささやく」と読ませることも後に生じました。熟字訓というもので、「私語」という熟語は私的な語ではなく、私か（ひそか）な語という意味だったのです。

もっと「ささやく」際の声の小ささを表現したいと思う人がいたのでしょう。そうして作られたこの「音」が「少」ないと書く国字は、『世俗字類抄』など、中世の国語辞書にしばしば収められました。『快言抄』には「訢」のような形で書かれていて、「訢合」で「ささやきあう」と読みが振られています。ひそひそ話をする様子が浮かびやすい表記です。

適

あっぱれ

人を褒めたたえるときに「あっぱれ」と言うのは、中世からのことですが、武将やお殿様だけではありません。今でも「あっぱれな奴」「あっぱれな出来事」など、テレビや会話で耳にします。

この「あっぱれ」は、「天晴」とも書きます。もっともらしい漢字ですが当て字で、もとは平安朝の「あはれ」でした。「もののあはれ」のそれで、しみじみとした趣のあることです。この「あはれ」の発音が「あわれ」と、強い響きを持つ「あっぱれ」とに分かれたのです。

意味や使い方も、それぞれ哀れと賛嘆などの感嘆詞というように変化し、「あっぱれ」には、めでたさを感じさせる「天晴」が発音と意味から選ばれたのです。この天が晴れるということから、南という連想を生んだようで、平安時代には「喃」を当てることがありました。

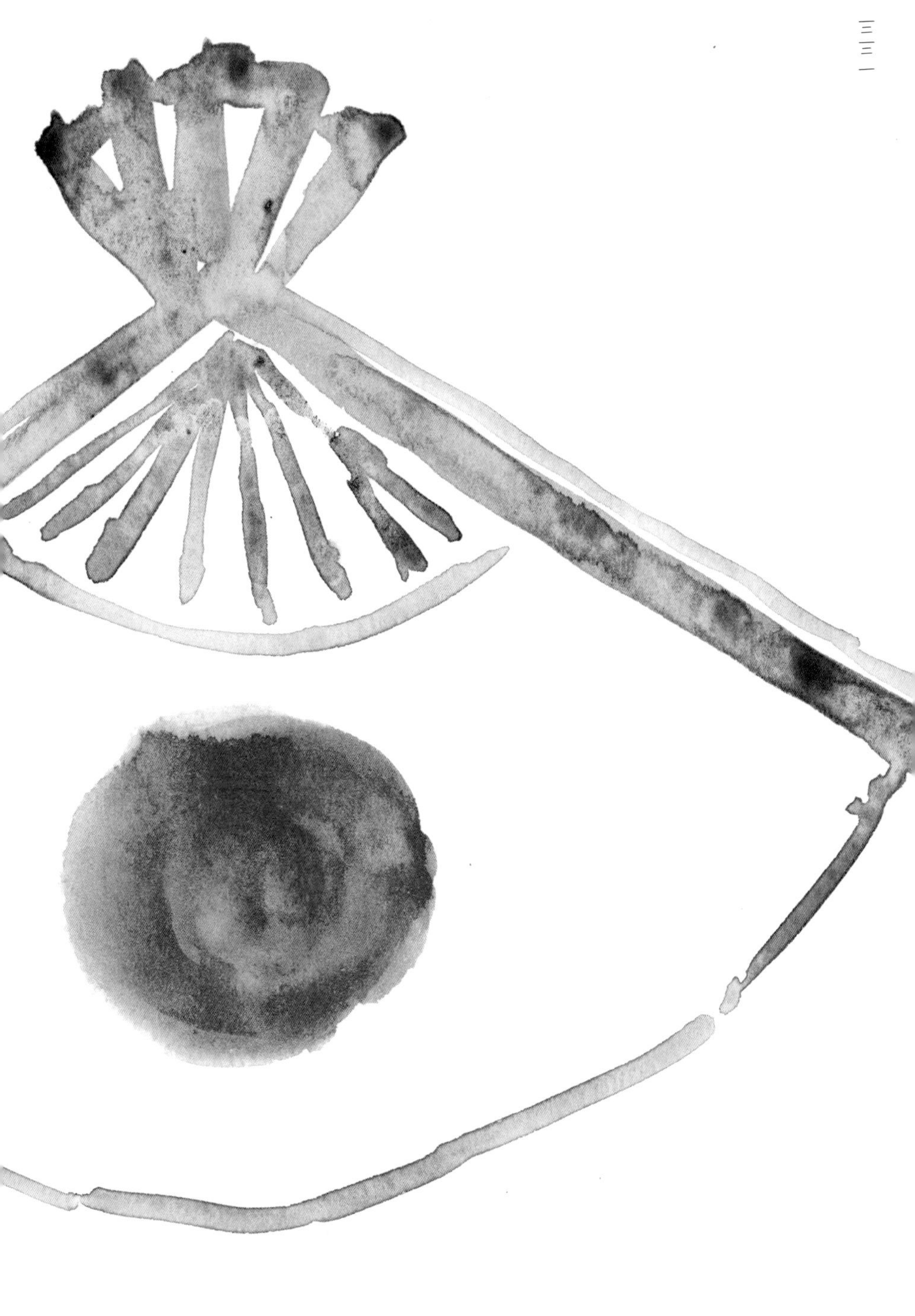

凡例

・適宜、わかりやすい字体に変えた箇所があります。

・草冠は「サ」型で統一するなど、原則として通行の字体で示しています。

・しんにょうは、手書きでは下部を折り曲げておけば二つの点を一つの点としてよい、という見方を文化庁が提示しています。

主要参考文献

エツコ・オバタ・ライマン
『日本人の作った漢字—国字の諸問題』南雲堂

笹原宏之
『日本の漢字』岩波書店
『国字の位相と展開』三省堂
『謎の漢字』中央公論新社
『方言漢字事典』研究社

菅原義三
『国字の字典　新装版』東京堂出版
『ビジュアル「国字」字典』世界文化社

著者紹介

笹原宏之（ささはら ひろゆき）

１９６５年、東京都生まれ。早稲田大学社会科学総合学術院教授。博士（文学）。

『国字の位相と展開』（三省堂）で、金田一京助博士記念賞、立命館白川静記念東洋文字文化賞を受賞。

デジタル庁の「行政事務標準文字」、経済産業省の「ＪＩＳ漢字」、法務省法制審議会の「人名用漢字」、文部科学省文化審議会の「常用漢字」、ＮＨＫの放送用語などの制定・改正・改定にも携わる。

『日本の漢字』（岩波書店）、『漢字の歴史―古くて新しい文字の話』（筑摩書房）、『謎の漢字』（中央公論新社）、『方言漢字』（ＫＡＤＯＫＡＷＡ）、『方言漢字事典』（研究社）など、著書多数。

美しい日本の一文字

国字が教えてくれる大切にしたい和のこころと風景

二〇二四年一月五日　初版第一刷発行

著　者——笹原宏之
デザイン——吉村朋子
イラスト——矢田勝美
編　集——上野　茜
発行者——石井　悟
発行所——株式会社 自由国民社
〒一七一－〇〇三三　東京都豊島区高田三－十－十一
電話　〇三－六二三三－〇七八一（営業部）
〇三－六二三三－〇七八六（編集部）
https://www.jiyu.co.jp/
印刷所——大日本印刷株式会社
製本所——新風製本株式会社